HALLOWEEN

Basteln, Schminken und Verkleiden
für ein schaurig-schönes Fest

Hinweis an die Eltern!

Alle Bastelvorschläge, Dekorationsideen und Rezepte sind sorgfältig geprüft. Eine Haftung des Verlages ist jedoch ausgeschlossen. Viele Projekte sind von Kindern selbstständig auszuführen. Dennoch sollten Sie sich gemeinsam mit dem Kind die jeweilige Anleitung aufmerksam durchlesen, um eventuelle Gefahrenquellen zu erkennen und durch entsprechende Hilfestellung und Aufsicht zu vermeiden. Da die Geschicklichkeit von Kindern und ihre Erfahrung mit Umgang mit verschiedenen Werkzeugen und Materialien sehr unterschiedlich sein kann, kann nur auf diese Weise die Sicherheit beim Werken, Basteln und Backen gewährleistet werden.

Deutsch von Monika Mack
Covergestaltung: Ruth Esser
ISBN 3-625-20537-8

HALLOWEEN

Basteln, Schminken und Verkleiden für ein schaurig-schönes Fest

Von Marie-Laure Mantoux
und Frédérique Crestin-Billet

Fotografien von
Fanny Bruno

NAUMANN & GÖBEL

Halloween – eine alte Tradition!

Jeder kennt Halloween, und in den USA ist der 31. Oktober sogar ein Nationalfeiertag. Man zieht sein gruseligstes Kostüm an, geht von Tür zu Tür, sammelt Bonbons und feiert Partys mit seinen Freunden.
Aber nur wenige Menschen wissen, dass dieses Fest eigentlich keltischen Ursprungs ist. Begonnen hat alles in Europa vor mehren tausend Jahren.

In der Nacht vom 31. Oktober auf den 1. November ging mit dem Sommer auch das keltische Jahr zu Ende. Die Tiere standen wieder in ihren Ställen, und das Heu war eingefahren. Man glaubte damals, dass die Geister der Toten in dieser Nacht, der Neujahrsnacht, eine Stippvisite bei ihren Familien machen. Also wurde ein Ritual zelebriert, auf dass das neue Jahr gut werde. Die Druiden löschten das heilige Altarfeuer, und mit dem Reisig einer heiligen Eiche wurde zu Ehren des Sonnengottes ein neues Feuer entzündet, das die bösen Geister vertreiben sollte. Dieses heilige Feuer wurde in allen Häusern verteilt; es sollte das ganze Jahr über brennen und so das Haus beschützen. Das Ritual zum Jahreswechsel nannte man Samhain; es dauerte etwa eine Woche. Die Menschen zogen sich Grauen erregende Kostüme an und bemalten sich die Gesichter, um die bösen Geister zu erschrecken.

Mit dem christlichen Glauben war der keltische Brauch schwer zu vereinbaren, und so geriet er in Kontinentaleuropa mehr und mehr in Vergessenheit. In Irland, Schottland und Wales dagegen konnte sich das Fest über Jahrhunderte hinweg halten. Mit der großen Auswanderungswelle aus Irland gelangte das Fest in die USA, und aus dem englischen Ausdruck „All Hallow's Day" (der Tag aller Heiligen) wurde „Halloween".

Mit den Iren kommt auch eine der beliebtesten Halloween-Figuren nach Amerika: Jack-o'-lantern. Sie stammt angeblich aus einer irischen Legende, die von den misslichen Abenteuern eines Trunkenboldes namens Jack erzählt, dem es mehrfach gelungen sein soll, die Pläne des Teufels zu durchkreuzen. Aus dem Paradies soll er vertrieben worden sein, weil er versucht hatte, einen Pakt mit dem Teufel zu schließen, und aus der Hölle, weil er dem Teufel Streiche gespielt hatte. So wurde Jack dazu verdammt, bis zum Jüngsten Gericht umherzuirren. Seine einzige Lichtquelle ist ein Stück glühende Kohle, das er in einem ausgehöhlten Kürbis bei sich trägt.

Gegen Ende des 19. Jahrhunderts wird Halloween in den Vereinigten Staaten zum Nationalfeiertag. Allerdings war das Fest damals nicht immer lustig: Die Leute spielten sich oft üble Streiche. Die Tradition des „trick or treat", nach der die Kinder an die Türen klopfen und um Süßigkeiten bitten dürfen, kam erst gegen 1930 auf. Seitdem heißt es: „Geizkragen, aufgepasst!" Die verkleideten Kinder stellen die bösen Geister dar, denen die Menschen Süßigkeiten geben müssen, um sie milde zu stimmen und sie von ihrem Haus fernzuhalten.

INHALT

HALLOWEEN-MÄRCHEN
ZUM LAUSCHEN UND TRÄUMEN

Der Halloween-Stern

Vor hundert Jahren feierte man in der kleinen norwegischen Stadt Molden Halloween. Es war eine kalte und trockene nordische Novembernacht. Die Sterne funkelten, und durch die Straßen mit den rot und grün gestrichenen, schneebedeckten Holzhäusern hallten die Rufe und das Lachen von Kindern.

„Klopf, klopf!“ Kleine Gestalten mit Fratzenmasken pochten an Haustüren, und Frauen belohnten die Halloween-Rufe der Kinder mit einer Tüte Bonbons oder einem Geldstück. Die ganze Stadt war erfüllt von der freudigen Stimmung und den Liedern der Jungen und Mädchen, die von Tür zu Tür zogen.
Christian und Klara fanden, dass sie nun genug gesammelt hatten, und blickten in den Sternenhimmel.
„Diese vielen Sterne am Himmel sind wirklich wunderschön“, sagte Klara, „aber sie sind so schrecklich weit weg!“

Da schaute auch Christian in den Himmel.
„Wäre es nicht schön, wenn man einen Stern zähmen könnte?“
„Du bist verrückt, das geht doch nicht!“
„Den Polarstern mag ich am liebsten ...“
„Sag mal, sollen wir den Stern nicht einfach rufen und ihn bitten, zu uns runter zu kommen?“
Klara lachte und antwortete:
„Wir können es ja mal versuchen.“
Ohne wirklich daran zu glauben, riefen Bruder und Schwester:
„Kleiner Polarstern, so hell,
komm vom Himmel ganz schnell.
Dein Funkeln ist so schön,
lass auf der Erde dich sehn.“
Und sie warteten.

Plötzlich sahen sie, wie der Polarstern langsam vom Himmel zu ihnen herabschwebte, und je näher er der Erde kam, desto heller funkelte er. Wenige Augenblicke später landete der Stern lautlos auf dem Boden, direkt vor ihren Füßen!
Zuerst hatten sie schreckliche Angst.
„Vorsicht, vielleicht ist er heiß ...“
„Ich hatte ihn mir viel größer vorgestellt!“
Sie rannten schnell nach Hause, holten eine große Schachtel und etwas Watte und kehrten zurück, um den Stern zu holen. Zum Glück hatte er sich nicht vom Fleck bewegt.

Behutsam legten sie den Stern in die Schachtel und brachten ihn nach Hause. Sie waren sehr stolz auf ihre Beute.
Aber nein, der Stern war überhaupt nicht heiß; ihr neuer Freund war ganz harmlos. Aber wie sollten sie ihren Eltern diesen außergewöhnlichen Fund erklären?
Vor dem Schlafengehen sagte eines der Kinder so beiläufig wie möglich:
„Seht euch den Himmel einmal genau an! Papa, Mama, schaut ihr auch richtig hin? Fällt euch nichts Außergewöhnliches auf?“
Die Eltern antworteten, dass es eine außergewöhnlich schöne Nacht sei. Sie meinten, das müsse wohl an Halloween liegen, und wunderten sich über die Frage der Kinder.

„Dann“, sagte Klara, „seid ihr wohl blind!“
„Blind? Wie meinst du das?“, fragte der Vater.
„Schaut euch den Himmel doch einfach einmal genau an! Der Polarstern ist weg ...“
„Ja, stimmt“, sagte die Mutter, „wie merkwürdig! Ich kann den Polarstern nicht sehen!“
Da rief Christian triumphierend:
„Das ist überhaupt nicht merkwürdig. Ihr könnt ihn am Himmel nicht finden, weil er nämlich hier ist!“
„Wie, hier bei uns?“, fragte sein Vater ungläubig.
„Ja, hier, bei uns im Haus“, antwortete Klara.
Da stürmte Christian in sein Zimmer, nahm die Schachtel mit dem Stern und zeigte sie voller Stolz seinen Eltern.

„Hier, seht her, das ist eindeutig der Polarstern! Was sagt ihr dazu?“
„Das ist ja unglaublich“, riefen die Eltern. „Wie habt ihr den denn gefangen?“
„Wieso denn gefangen? Wir fanden diesen Stern so schön, dass wir ihn gebeten haben, zu uns zu kommen, und er hat uns einfach nur unseren Wunsch erfüllt.“
Am nächsten Tag sollten die Kinder in der Schule von ihrem schönsten Halloween-Erlebnis berichten. Christian meldete sich, und der Lehrer ließ ihn erzählen.
Als er fertig war, sagte er zum Lehrer und seinen ungläubigen Klassenkameraden:
„Wenn ihr mir nicht glaubt, bringe ich den Stern morgen mit, und ihr werdet sehen, dass ich die Wahrheit sage ...“
Am nächsten Tag machte er sein Versprechen wahr:
Kaum hatte er die Schachtel, in der der Stern schlief, geöffnet, ging die Fragerei auch schon los:

„Sticht er?“
„Ist er heiß?“
„Funkelt er genauso wie am Himmel?“
„Glaubst du, er kann auf der Erde leben? Oder wird er hier vielleicht sterben?“
So eilten mehrere Wochen lang Schüler, Lehrer, Freunde, Alte und Junge ins Rathaus, um den Stern zu bestaunen, den man in der Zwischenzeit dorthin

gebracht hatte, damit jeder sich selbst von diesem Wunder überzeugen konnte. Bald interessierte sich die Presse für den Fall (das Fernsehen gab es damals noch nicht), und so wurde nach und nach in der ganzen Welt bekannt, dass zwei Kinder es in einer Halloween-Nacht geschafft hatten, den Polarstern vom Himmel zu holen.

Nach drei Wochen stellte Klara, die, wie alle Mädchen, sehr aufmerksam war, fest, dass irgendetwas nicht stimmte.
„Sieh dir unseren Stern an! Findest du nicht, dass er sich verändert hat?"
„Nein, eigentlich nicht..."
„Ich finde, er funkelt nicht mehr so schön und wird immer blasser. Schau ganz genau hin."
„Du hast Recht, er funkelt nicht mehr so wie am ersten Tag. Vielleicht hält er es auf der Erde nicht aus. Glaubst du, er muss sterben?"
„Oh, nein, das wäre furchtbar traurig!"
In dieser Nacht dachten die beiden viel nach, und ihr könnt euch vorstellen, dass sie ziemlich schlecht schliefen. Ihr wisst ja, dass Mädchen einfühlsamer sind als Jungen. Am nächsten Morgen also sagte Klara zu Christian:
„Weißt du, ich habe nachgedacht. Der Stern verkümmert vor unseren Augen, weil ihm der Himmel fehlt. Er ist wie ein Fisch, den man aus dem Wasser geholt hat."

„Was sollen wir jetzt tun?"
„Wir stellen unseren Stern heute Nacht in der offenen Schachtel auf das Fensterbrett, damit er besser atmen und den Himmel sehen kann." Am Abend vor dem Schlafengehen stellten sie die offene Schachtel vor ihr Fenster.
„Hoffentlich erkältet er sich nicht!"
„Aber nein, er ist dieses Klima gewohnt, und da oben ist es sowieso viel kälter..."
Dann schliefen sie ein.
Als sie am nächsten Tag aufstanden und den Stern holen wollten, da war die Schachtel leer! Der Polarstern hatte genug von seinem einsamen Erdenleben, so weit entfernt von all seinen Verwandten, den anderen Sternen, und war an den Himmel zurückgekehrt.

Am Abend sagten die Kinder zu ihren Eltern:
„Schaut euch den Nachthimmel an. Es ist schon wieder ein Wunder geschehen ..."
Daraufhin blickten der Vater und die Mutter ins Himmelszelt.
„Oh, der Polarstern ist zurückgekehrt!"
„Ganz genau", sagte Klara, „er wurde immer schwächer, und da haben wir ihm die Freiheit wiedergeschenkt."

Auch dieser Vorfall erregte großes Aufsehen in ganz Norwegen. Seit Menschengedenken hatte man noch nie erlebt, dass ein Stern auf die Erde kommt, sich zähmen lässt und dann wieder in den Himmel aufsteigt.
Seither nennen die Bewohner von Molden und Umgebung den Polarstern in Erinnerung an diesen außergewöhnlichen Besuch vom Himmel „Halloween-Stern".

EINLADUNG
ZUR GEISTERPARTY

Für eine Einladung zur Geisterparty sind diese schaurig-schönen Einladungskarten genau das Richtige: Hexen, Spinnennetze, Kürbisse und Fledermäuse lassen grüßen.

12-Hexen-Karte

- **Bleistift**
- **1 Stück orangefarbene Pappe, 40 x 20 cm**
- **1 Stück schwarze Pappe, 15 x 20 cm**
- **Klebstoff**
- **Hexen-Stempel**
- **„Drei-Hexen"-Stempel**
- **schwarzes Stempelkissen**
- **schwarzer Filzstift**
- **Zackenschere**

1 Zeichnet zwei Ovale auf die orangefarbene Pappe: Eines sollte etwa 18 cm lang und 14 cm breit sein, das andere 14 cm lang und 10 cm breit.
Auf die schwarze Pappe zeichnet ihr ein 16 x 12 cm großes Oval.
Schneidet die drei Teile mit der Zackenschere ungleichmäßig aus, und klebt sie mit dem Klebstoff der Größe nach aufeinander, das größte zuunterst, das kleinste zuoberst.

2 Stempelt mit dem Hexen-Stempel am inneren Rand der kleinen orangefarbenen Pappe entlang; in die Mitte kommt der Stempel mit den drei Hexen, so wird's dann richtig gruselig. Zählt genau nach: Neun Hexen am Rand, drei in der Mitte, macht zusammen zwölf. Wenn ihr wollt, könnt ihr sie mit dem schwarzen Filzstift noch einmal nachmalen.

Gespensterkarte

- **1 Stück weißes Moosgummi, 20 x 20 cm**
- **weißer Bastelkarton, 20 x 20 cm**
- **1 Bogen Pauspapier**
- **2 Augen zum Ankleben**
- **lösungsmittelfreier Klebstoff**
- **Cutter oder Schere**

Klebt das Moosgummi mit dem Klebstoff auf den Bastelkarton.
Paust das Gespenst von Seite 16 ab, und übertragt es auf den Bastelkarton. Schneidet nun den Umriss des Gespenstes mit einer Schere oder einem Cutter aus.
Schreibt eure Einladung auf die Kartonrückseite, und klebt die Augen auf die Moosgummiseite.
Wenn ihr keine Augen zum Ankleben findet, schneidet einfach zwei kleine ovale Stückchen aus schwarzer Pappe aus.

Spinnennetz-Karte

- **1 Bogen naturfarbenes Zeichenpapier, 20 x 20 cm**
- **Pauspapier**
- **schwarzer Filzstift**
- **schwarzes Moosgummi oder**
- **1 Bogen schwarzes Zeichenpapier**
- **schwarzer Raffiabast, 25 cm lang**
- **lösungsmittelfreier Klebstoff**
- **Schere**
- **Cutter**

1 Paust die Umrisse des Spinnennetzes von Seite 17 ab, und übertragt es auf das naturfarbene Zeichenpapier. Schneidet das Netz aus, und zeichnet den Faden mit einem schwarzen Filzstift nach. Malt die Umrisse des Spinnennetzes auf das Moosgummi, schneidet es aus, und klebt es auf die Rückseite des Zeichenpapiers.

2 Malt die kleine Spinne von Seite 17 auf ein Stückchen schwarzes Moosgummi oder schwarzes Zeichenpapier, und schneidet sie mit dem Cutter aus.

3 Klebt die kleine Spinne an den Raphiabast. Wenn ihr nun das andere Ende des Raphiabastes auf die Rückseite der Karte klebt, kann die Spinne aus ihrem Netz hängen.

Kürbiskarte

- **1 Stück schwarze Wellpappe, 25 x 18 cm**
- **1 Stück orangefarbene Wellpappe, 35 x 18 cm**
- **1 Stück orangefarbene Pappe, 18 x 18 cm**
- **Klebstoff**
- **Pauspapier**
- **Lineal**
- **Farbstift**
- **Schere**

1 Schneidet aus der schwarzen Wellpappe ein 18 x 18 cm großes Quadrat aus. Schneidet das Quadrat diagonal in zwei gleich große Dreiecke. Zeichnet auf einem der Dreiecke parallel zur längsten Seite Linien im Abstand von 2 cm. Schneidet das Dreieck an diesen Linien entlang in Streifen. Wiederholt das Ganze mit der orangefarbenen Wellpappe.

2 Legt das große schwarze Dreieck auf die orangefarbene Pappe, und legt dann abwechselnd bis zur Spitze des Dreiecks einen orangefarbenen und einen schwarzen Streifen an. Klebt alle Teile auf die orangefarbene Pappe.
Lasst das Ganze unter einem Bücherstapel trocknen, damit die Karte sich nicht wellt.

3 Paust den Umriss des nebenstehenden Kürbisses ab, und übertragt ihn auf das restliche Stück orangefarbene Wellpappe.
Schneidet Augen, Nase und Mund wie in der nebenstehenden Vorlage aus der restlichen schwarzen Wellpappe aus. Klebt alle Teile an die entsprechenden Stellen auf euren Kürbis.
Nun müsst ihr den Kürbis nur noch in die Mitte der Karte kleben. Denkt daran: Ihr braucht große Umschläge, um eure Karten zu verschicken.

HALLOWEEN

Hexenhut-Karte

- **1 Bogen violette Wellpappe**
- **Fransen aus schwarzem Raffiabast, 12 cm lang und 2,5 cm breit**
- **Pauspapier**
- **1 Bogen graues Zeichenpapier**
- **1 Bogen orangefarbenes Papier**
- **schwarzer Filzstift**
- **Fotokopien der unten stehenden Abbildungen**
- **Schere**

Schneidet ein 16 cm hohes und 12 cm breites Dreieck aus der violetten Wellpappe aus. Schneidet die Grundlinie des Dreiecks wellenförmig aus.
Klebt die Fransen aus Raffiabast an der Grundlinie des Dreiecks entlang auf die Rückseite der Pappe.
Paust die unten stehende Fledermaus ab, und übertragt sie auf das graue Zeichenpapier. Schneidet sie aus, malt mit dem schwarzen Filzstift die Augen, und klebt die Fledermaus auf die Spitze eures Hexenhutes.
Klebt die Fotokopien der Totenköpfe und Skelette vorne auf den Hexenhut, und die Karte ist perfekt. Klebt noch ein Dreieck aus orangefarbenem Papier für euren Einladungstext auf die Rückseite.

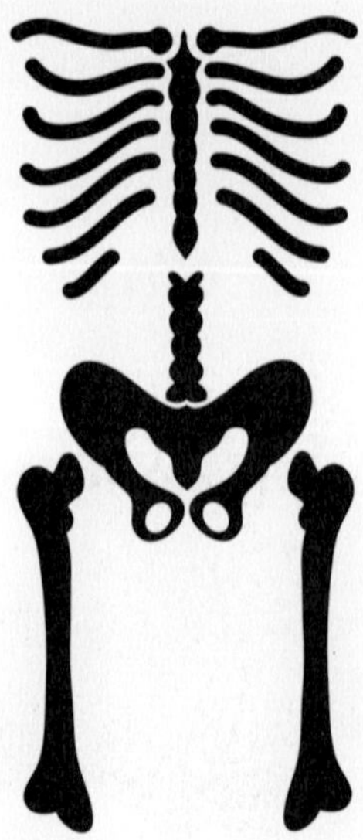

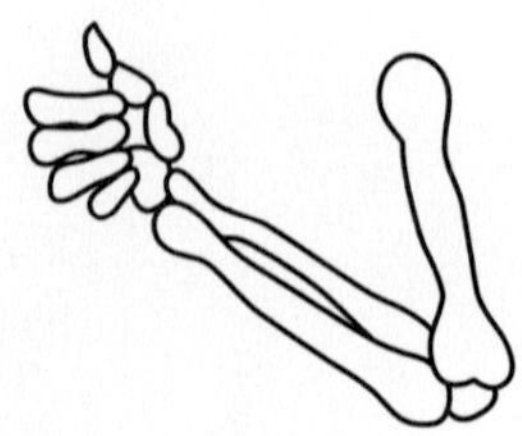

Pop-Up-Gruselkarte

- 1 Stück orangefarbenen Zeichenkarton, 30 x 10 cm
- schwarzer Filzstift
- 1 Stück schwarzen Zeichenkarton, 20 x 20 cm
- Pauspapier
- Klebstoff
- Schere

1 Faltet den orangefarbenen Zeichenkarton in der Mitte der Länge nach zusammen. Drückt die Falz fest, öffnet die Pappe wieder und schreibt wie abgebildet das Wort Halloween auf die linke Seite.
Schneidet zwei 2 cm breite und 20 cm lange Streifen aus dem schwarzen Karton. Faltet sie alle 2 cm wie eine Ziehharmonika.

2 Klebt die Ziehharmonikas auf die rechte Seite der Karte. Paust die Umrisse einer der nebenstehenden Hexen und der Fledermaus ab, und übertragt sie auf den schwarzen Zeichenkarton. Schneidet sie sorgfältig aus, und klebt sie ans Ende der Ziehharmonikas.

Vorlage für die Gespensterkarte (Seite 10)

Vorlage für die Spinnennetzkarte (Seite 11)

MAGISCHE KRÄNZE
FÜRS HEXENHAUS

Hexenkranz mit Zauberkraft

An Halloween ist einfach alles möglich, und ein nach alter Gespenster Sitte geflochtener Hexenkranz kann jeden verzauben, der ihm zu nahe kommt.

- **1 Styroporkranz, 25 cm Durchmesser**
- **Schwarzes Kreppband, 5 cm x 3,00 m**
- **1,5 m naturfarbenes Band aus Abakafaser, 20 cm breit**
- **Pauspapier**
- **1 Bogen orangefarbenen Zeichenkarton**
- **1 Bogen schwarzen Zeichenkarton**
- **schwarzer Filzstift**
- **schwarzer Pfeifenputzer**
- **Klebstoff**
- **2 Bögen schwarzes Moosgummi, 21 cm x 27 cm**
- **Buntstift**
- **Hefter**
- **Zackenschere**
- **Schere**
- **orangefarbenes Satinband**

1 Den Styroporkranz mit dem schwarzen Kreppband umwickeln. Das Band mit ein paar Tropfen Klebstoff fixieren.
Das grobmaschige Band aus Abakafaser um den Kranz drapieren und ungleichmäßig aufbauschen. Auf der Rückseite festheften.

2 Die Halloween-Buchstaben von Seite 22 und 23 abpausen und auf den orangefarbenen Zeichenkarton übertragen. Zum Ausschneiden die Zackenschere verwenden. Die Buchstaben versetzt auf den Kranz kleben.

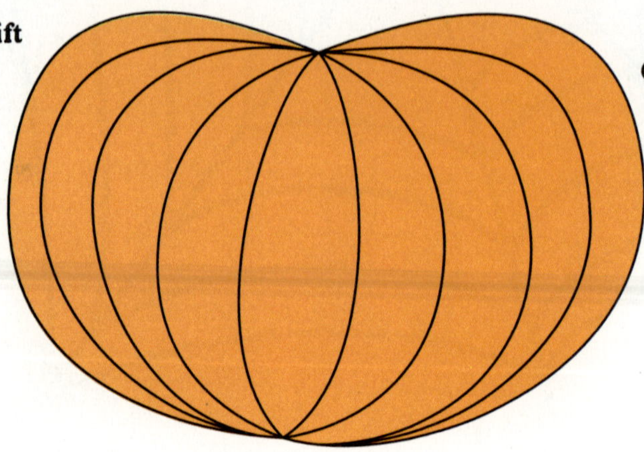

3 Den Kürbis abpausen und auf den orangefarbenen Zeichenkarton übertragen.
Die Kürbiskerben mit dem schwarzen Stift einzeichnen. Als Kürbisstiel oben ein kleines Stück schwarzen Pfeifenputzer ankleben. Den Kürbis auf den Kranz kleben.

HALLOWEEN

4 Die schwarze Katze auf dieser Buchseite abpausen und auf das Moosgummi übertragen und ausschneiden. Ebenso mit Spinne (S. 18) und Fledermaus (S. 14) verfahren. Das Gespenst zeichnest du am besten aus der freien Hand. Die Figuren anschließend mit Klebstoff oder dem Hefter auf dem Kranz befestigen.

5 Die Hexe von Seite 23 abpausen und mit einem Buntstift auf den schwarzen Zeichenkarton übertragen. Sorgfältig ausschneiden und auf den oberen Rand des Kranzes kleben. Nun den Kranz mit dem Satinband versehen und aufhängen.

Schaurig-schöner Schleckerkranz

In diesem Kranz voller schaurig-schöner Schleckereien stecken jede Menge geheimer Zauberkräfte.

- **Weidenkranz, 25 cm Durchmesser**
- **orangefarbene Sprühfarbe**
- **Stecknadeln**
- **2,40 m schwarzes Satinband, 2 cm breit**
- **2,40 m orangefarbenes Satinband, 2 cm breit**
- **8 transparente Zellophantütchen, 5 x 8 cm**
- **3 kleine Schachteln mit orangefarbenen Indianerperlen**
- **24 längliche schwarze Perlen**
- **30 cm orangefarbenes Geschenkband**
- **1 m orangefarbenes Tüllband, 2 cm breit**
- **1 Rolle schwarzes Webband**
- **20 cm Kautschukband**
- **6 schwarze Luftballons**
- **6 orangefarbene Luftballons**
- **6 kleine orangefarbene Papierkugeln**
- **6 kleine Plastikkürbisse**
- **3 kürbisförmige Glöckchen**
- **3 kleine schwarze Papierkugeln**
- **1 Strang schwarzer Raffiabast**
- **6 kleine durchsichtige Perlen**
- **2 m schwarzes Satinband, 8 mm breit**

SÜSSIGKEITEN

- **1 Tüte bunt verpackte Bonbonmischung**
- **1 Packung bunte Zuckerstangen**
- **1 Packung Lakritzschnecken**
- **1 Packung Weingummikrokodile**
- **1 Tüte Gummibärchen**
- **3 Lakritzstangen**
- **6 runde Lutscher**

1 Den Weidenkranz auf das Zeitungspapier legen, und mit der orangefarbenen Farbe erst die eine Seite ansprühen und nach dem Trocknen die andere Seite. Ebenfalls trocknen lassen.

Das 2 cm breite schwarze Band in 4 Stücke à 60 cm schneiden.

Mit jedem Band eine Schleife um den Kranz binden, der Abstand sollte immer ein Viertel des Kreises betragen.

2 Das orangefarbene Band in 4 Stücke à 60 cm schneiden und jeweils eine orangefarbene Schleife zwischen zwei schwarze Schleifen binden.

Drei der Zellophantütchen mit orangefarbenen Perlen und je 8 schwarzen Perlen füllen. Jedes Tütchen mit einer Schleife aus 10 cm langem orangefarbenem Geschenkband verschließen.

3 Die restlichen fünf Zellophantütchen mit orangefarbenen, grünen oder schwarzen Bonbons füllen. Die Tütchen mit einem 4 cm langen Stück Kautschukband oder mit einem 20 cm langen orangefarbenen Tüllband verschließen.

Die Tütchen hübsch mit Stecknadeln am Kranz feststecken oder mit einem kleinen Stück schwarzem Webband an einem Weidenhalm befestigen.

4 Einen schwarzen und einen orangefarbenen Ballon mit einem Stück schwarzem Webband zusammenbinden.
Am Kranz festkleben.
Die orangefarbenen Papierkugeln je nach Wunsch an den Schleifen oder an den Zellophantütchen befestigen.
Die Kürbisse und die Glöckchen mit einem Stück Webband befestigen.

5 Drei kleine, einfache Spinnen aus den kleinen schwarzen Papierkugeln basteln. Die Beine bestehen aus Raffiabast. Als Augen dienen zwei kleine durchsichtige Perlen. Die kleinen Krabbeltiere gut sichtbar auf den Kranz kleben.

6 Mit Stecknadeln werden die Zuckerstangen, die Lakritzschnecken, die Krokodile, Gummibärchen und restlichen Bonbons auf die noch freien Stellen des Kranzes gesteckt. Zum Schluss die großen Lutscher in das Weidengeflecht stecken.

7 Um den Kranz aufzuhängen, an einer Seite ein Stück schwarzes Band durch das Weidengeflecht ziehen. Beim Herausziehen von Schleckereien aus dem Kranz unbedingt auf Stecknadeln achten. Kleinkinder könnten sich verletzen.

Vorlage für den Kranz auf Seite 19

N
E
L

Fantastischer Höllenhocker

Die Hexen haben sich geschworen: Ihre Besen sollen zu Lehnen werden und harmlose Hocker im Handumdrehen in fantastische Höllenmöbel verwandeln.

- **einfacher Holzhocker**
- **Strohbesen**
- **bei Bedarf Schmirgelpapier**
- **1 Topf schwarze Lackfarbe(seidenmatt)**
- **schwarze Sprühfarbe**
- **2 Nägel, etwa 4 cm lang**
- **1 Töpfchen orangefarbene Lackfarbe**
- **1 Styroporkugel, 12 cm Durchmesser**
- **schwarzer Filzstift**
- **Pinsel**
- **Hammer**
- **Cutter**
- **Klebepistole**

1 Den Hocker bei Bedarf kurz anschleifen, damit die Farbe besser hält, besonders wenn es sich um ein altes Möbelstück handelt. Anschließend mit der seidenmatten schwarzen Farbe anstreichen und trocknen lassen.
Jetzt kommt der Besen dran: Er wird flach auf Zeitungspapier gelegt und mit der schwarzen Farbe angesprüht. Nach dem Trocknen umdrehen und die andere Seite ansprühen. Am besten im Freien arbeiten.

2 Mit zwei Nägeln wird der Besenstiel seitlich am Hocker angenagelt. Die Nägel in der Mitte des Besenstiels ansetzen, damit das Holz nicht splittert.

3 Für den halben Kürbis wird die Styroporkugel in der Mitte durchgeschnitten. Mit dem Cutter arbeitet man vorsichtig die Kerben des Kürbisses heraus.
Den Kürbis orangefarben anmalen. Nach dem Trocknen mit einem Filzstift Augen, Nase und Mund aufmalen. Mit der Klebepistole auf dem Besen befestigen, der sich nun in eine Lehne verwandelt hat.

Spinne im Spinnennetz

Ein Netz zu spinnen ist ein Kinderspiel. Unsere Spinnen werden sich hier wie zu Hause fühlen, und manch einem wird ein Schauer über den Rücken laufen.

- **4 Holzspieße**
- **1 Knäuel dünner Bindfaden**
- **schnelltrocknender Klebstoff**
- **schwarze Plaka- oder Acrylfarbe**
- **dünner Pinsel**
- **Cutter**

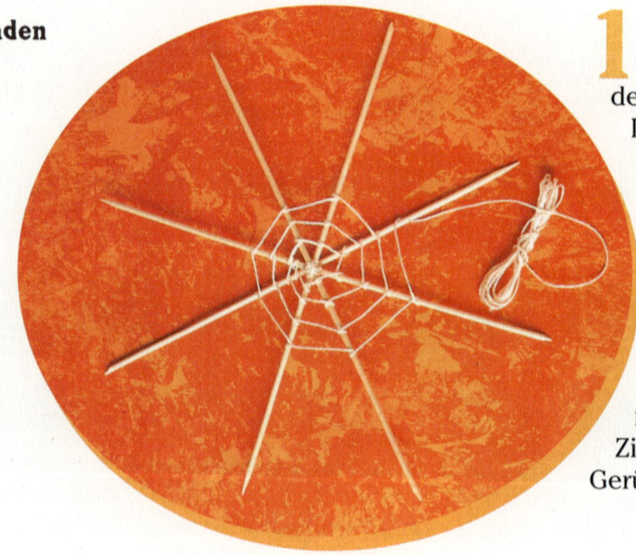

1 Schneidet die Enden der vier Holzspieße vorsichtig mit dem Cutter schräg ab.
Legt zwei Spieße über Kreuz, und fixiert sie mit einem Tropfen Klebstoff. Trocknen lassen. Legt den dritten Holzspieß diagonal über das Kreuz, den vierten versetzt darunter. Umwickelt den Schnittpunkt der vier Holzspieße sorgfältig mit dem Bindfaden. Zieht ihn fest an, damit das Gerüst in Form bleibt.

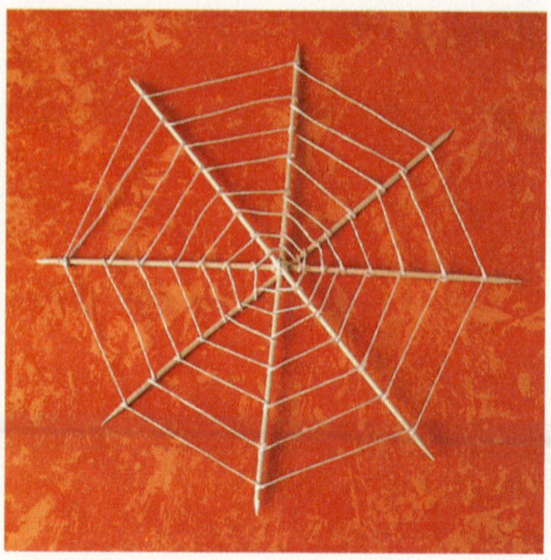

2 Für das Netz führt ihr einen Bindfaden vom Zentrum des Gerüsts spiralförmig nach außen.
Jedes Mal, wenn ihr an einer Speiche vorbeikommt, wickelt ihr den Faden einmal drum herum, bevor ihr zur nächsten Speiche geht.
Wenn ihr an das äußere Ende der Spieße kommt, wickelt ihr den Faden zweimal um eine Speiche und verknotet ihn.

3 Malt die Vorderseite des Netzes mit dem Pinsel und der Plaka- oder Acrylfarbe schwarz an. Lasst die Farbe trocknen, und bemalt die Rückseite.

Lebensechte Horrorspinnen

Natürlich sind diese schwarzen Gruselspinnen nicht echt, auch wenn sie so aussehen. Sie sind kinderleicht und schnell zu basteln, weshalb es sich lohnt, gleich mehrere anzufertigen.

- **1 Stück schwarzer Filz, 10 x 10 cm**
- **Wattekugel**
- **schwarzer Faden und Nadel**
- **2 kleine runde Perlen**
- **32 cm festes Leder- oder Kautschukband**
- **Schere**

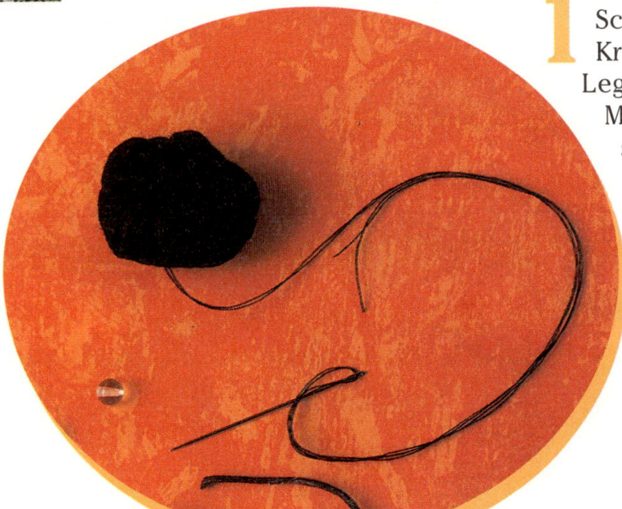

1 Schneidet aus dem Filz einen Kreis von 8 cm Durchmesser. Legt eine Wattekugel in die Mitte des Kreises, und presst sie fest zusammen.

Klappt den Filz über die Wattekugel, und formt den Spinnenkörper. Näht ihn mit ein paar Stichen fest zu.

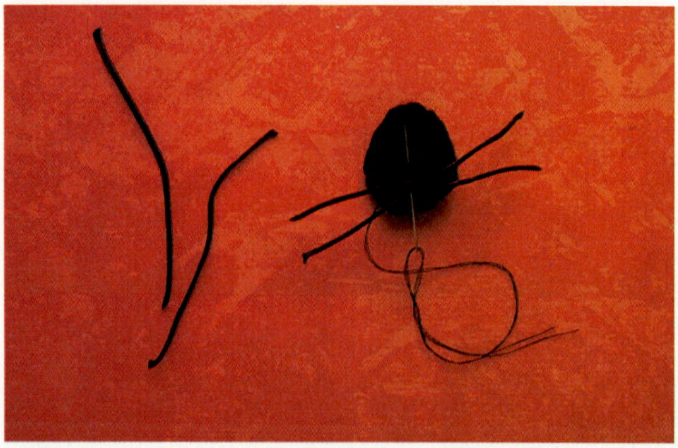

2 Für die Beine schneidet ihr das Lederband oder das schwarze Kautschukband in vier 8 cm lange Stücke. Legt sie im Abstand von einigen Millimetern auf den Bauch der Spinne, und näht sie mit der Nadel und schwarzem Faden fest.

3 Als Augen dienen zwei kleine Perlen, die ihr im Abstand von 1 cm vorne auf den Körper näht.

Fette Vogelspinnen

Wer hat bloß diese fetten, haarigen Vogelspinnen eingeladen? Sie sind einfach so auf unserer Halloween-Party aufgetaucht, und nun krabbeln sie überall herum ...

Für eine Vogelspinne:

- **1 Topfreiniger**
- **1 Blatt Schmierpapier**
- **schwarze Sprühfarbe**
- **2 durchsichtige Perlen**
- **schnelltrocknender Sprühkleber**
- **2 schwarze Pfeifenputzer**
- **Schere**

Schneidet den Topfreiniger mit der Schere in zwei Hälften. Legt eine Hälfte auf ein Blatt Papier, und sprüht sie von allen Seiten mit der schwarzen Farbe an. Dann trocknen lassen.

Klebt die durchsichtigen Perlen mit etwas Klebstoff als Augen auf den Topfreiniger. Schneidet die beiden Pfeifenputzer in je drei gleich große Stücke. Biegt jedes Stück zu einem rechten Winkel, und steckt es in den Topfreiniger. Schon hat die Spinne haarige Beine.

Die Stimmung auf der Halloween-Party wird immer unheimlicher. Schatten schauriger Ballons huschen über die Wände. Achtung, ihr Lächeln täuscht!

Für alle Ballons:

- **Schere**
- **Cutter**
- **schwarzer Filzstift**
- **Klebstoff oder starker Sprühkleber**
  Testet den Klebstoff an einem Ballon, bevor ihr anfangt, denn manche greifen das Gummi an.
- **Schnur zum Aufhängen**

Katzenballon

- **1 schwarzer Luftballon**
- **weißes und schwarzes Moosgummi**
- **ein paar Halme Besenstroh**

1 Schneidet aus dem schwarzen Moosgummi 12 cm lange, gezackte Katzenohren.
Für einen schönen Schnurrbart schneidet ihr zwei kleine Moosgummikreise von 1 cm Durchmesser aus. Klebt an jeder Seite etwa zehn Strohhalme an. Lasst sie trocknen.

2 Schneidet zwei große Mandelaugen à 7 cm aus dem weißen Moosgummi, und malt mit dem schwarzen Filzstift die Pupillen.
Schneidet ein 3 cm großes gleichschenkeliges Dreieck aus dem weißen Moosgummi, und schon habt ihr die perfekte Nase!
Klebt alle Teile des Katzengesichts auf den aufgeblasenen Ballon. Bindet eine Schnur an den Ballon und hängt ihn an einem geeigneten Platz auf.

Hexenballon

- **1 grüner Luftballon**
- **schwarzes und rosafarbenes Moosgummi**
- **1 Strang schwarzer Raffiabast**
- **2 Plastikspinnen**

1 Blast den Ballon auf. Schneidet aus dem schwarzen Moosgummi zwei 10 cm lange spitze Nasenflügel.
Klebt die beiden Teile am Nasenrücken und an der Nasenspitze zusammen, und befestigt sie mit einem Tropfen Klebstoff in der Mitte eures Ballons.
Schneidet zwei mandelförmige Augen aus dem schwarzen Moosgummi. Die Wimpern nicht vergessen!
Klebt sie rechts und links von der Nase auf.

2 Schneidet aus dem rosafarbenen Moosgummi 8 cm lange schön geschwungene Augenbrauen und einen Mund. Klebt sie auf den Ballon.
Bastelt die Haare aus dem Raffiabast, und klebt sie oben auf den Hexenkopf.
Malt mit dem schwarzen Filzstift Falten um die Augen und eine Warze aufs Kinn. Wenn ihr jetzt noch die zwei Plastikspinnen auf den Ballon klebt, sieht eure Hexe wirklich furchterregend aus.

Kürbisballon

- **1 orangefarbener Luftballon**
- **1 Stück grünes Band aus Abakafaser, 50 cm lang**

Blast den Ballon auf, und malt wie auf dem nebenstehenden Foto mit dem schwarzen Filzstift Augen, eine Nase und einen lachenden Mund auf den Kürbis. Rollt das grüne Band ganz fest zusammen. Biegt es in eine unregelmäßige Form, und klebt das Ganze oben auf den Kürbis.

Spinnennetzballon

- **1 weißer Luftballon**
- **1 kleine Plastikspinne**

Blast den Ballon auf, knotet ihn unten zu, und zieht dann vom Mittelpunkt des Ballons aus gleichmäßige, sternförmige Linien.
Zeichnet die Querfäden, indem ihr um den Mittelpunkt herum leicht geschwungene Kreislinien zieht (siehe Foto).
Zum Schluss klebt ihr eine Plastikspinne in die Mitte des Netzes.

Kürbisbeutel mit Süßigkeiten

Dieser Kürbisbeutel mit seinem einnehmenden Lächeln braucht nur noch ein paar Bonbons, um vor Glück dick und fett zu werden.

- **1 Stück orangefarbener Filz, 40 x 40 cm**
- **1 Stück schwarzer Filz, 10 x 20 cm**
- **1 Stück grüner Filz, 6 x 6 cm**
- **Pauspapier**
- **orangefarbener und schwarzer Faden**
- **Textilkleber**
- **1,80 m schwarzes Satinband**
- **1,80 m orangefarbenes Satinband**
- **1 m schwarze Kordel**
- **Stecknadeln**
- **Kreide**
- **Schere**
- **Nähmaschine**
- **Nadel**

1 Faltet das orangefarbene Filzquadrat in der Mitte, und steckt die offenen Seiten mit den Nadeln fest, damit der Stoff beim Schneiden nicht verrutscht.
Paust die Kürbisvorlage von Seite 34-35 ab. Steckt die Vorlage auf den orangefarbenen Filz, und schneidet die Form aus. Jetzt habt ihr zwei gleich große Kürbishälften.

2 Paust einen Mund, Augen und eine Nase eurer Wahl von den Vorlagen auf Seite 34-35 ab. Steckt die Schablonen auf dem schwarzen Stück Filz fest, und schneidet den Kürbis aus. Faltet das grüne Filzquadrat in der Mitte, übertragt die Vorlage des Kürbisstiels, und schneidet sie aus. So erhaltet ihr zwei gleich große Stücke.
Steckt sie zusammen, und lasst dabei die untere Seite offen, stülpt sie dann oben über den Rand der einen Kürbisseite.

3 Steppt den Stiel mit 2 mm Abstand vom Rand zusammen, und näht ihn dabei auf dem Kürbis fest.
Legt die beiden Enden der schwarzen Kordel im Abstand von 12 cm auf die oben auf die Kürbisrückseite. Festheften.

4 Schneidet die orangefarbenen und schwarzen Bänder in drei Stücke à 60 cm.
Legt abwechselnd ein orangefarbenes und ein schwarzes Band übereinander, und steckt die Bänder unten auf der Rückseite des Kürbisses fest.

5 Steppt die beiden Kürbishälften mit 3 mm Abstand vom Rand aufeinander. Beendet die Naht kurz vor den Einbuchtungen oben am Kürbis. So erhaltet ihr eine Öffnung von etwa 12 cm.

6 Zum Schluss befestigt ihr die Augen, die Nase und den Mund mit dem Textilkleber.
Euer Beutel ist fertig und muss jetzt nur noch mit Bonbons gefüttert werden!

Vorlagen für den Kürbisbeutel von Seite 32 und 33

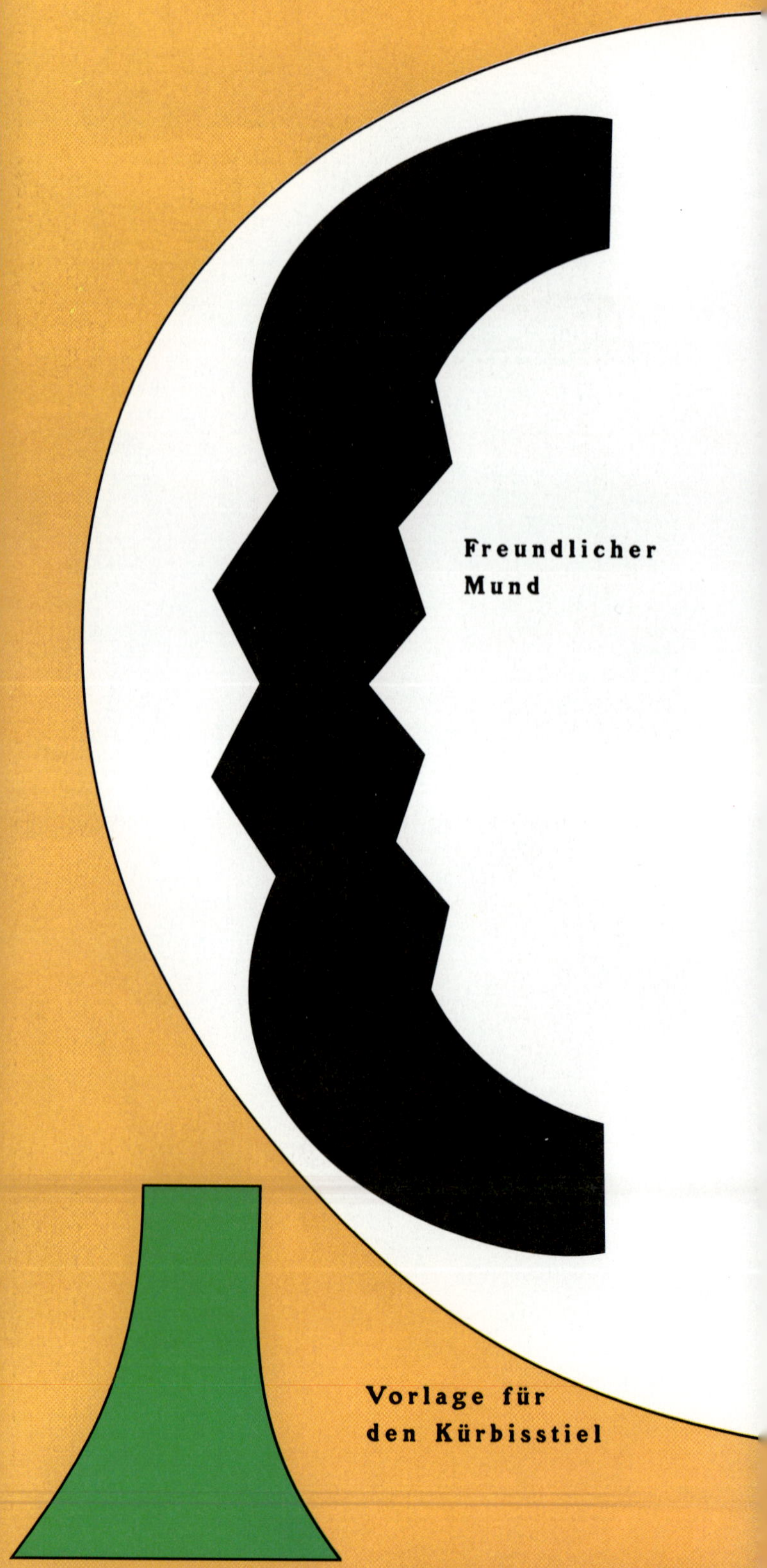

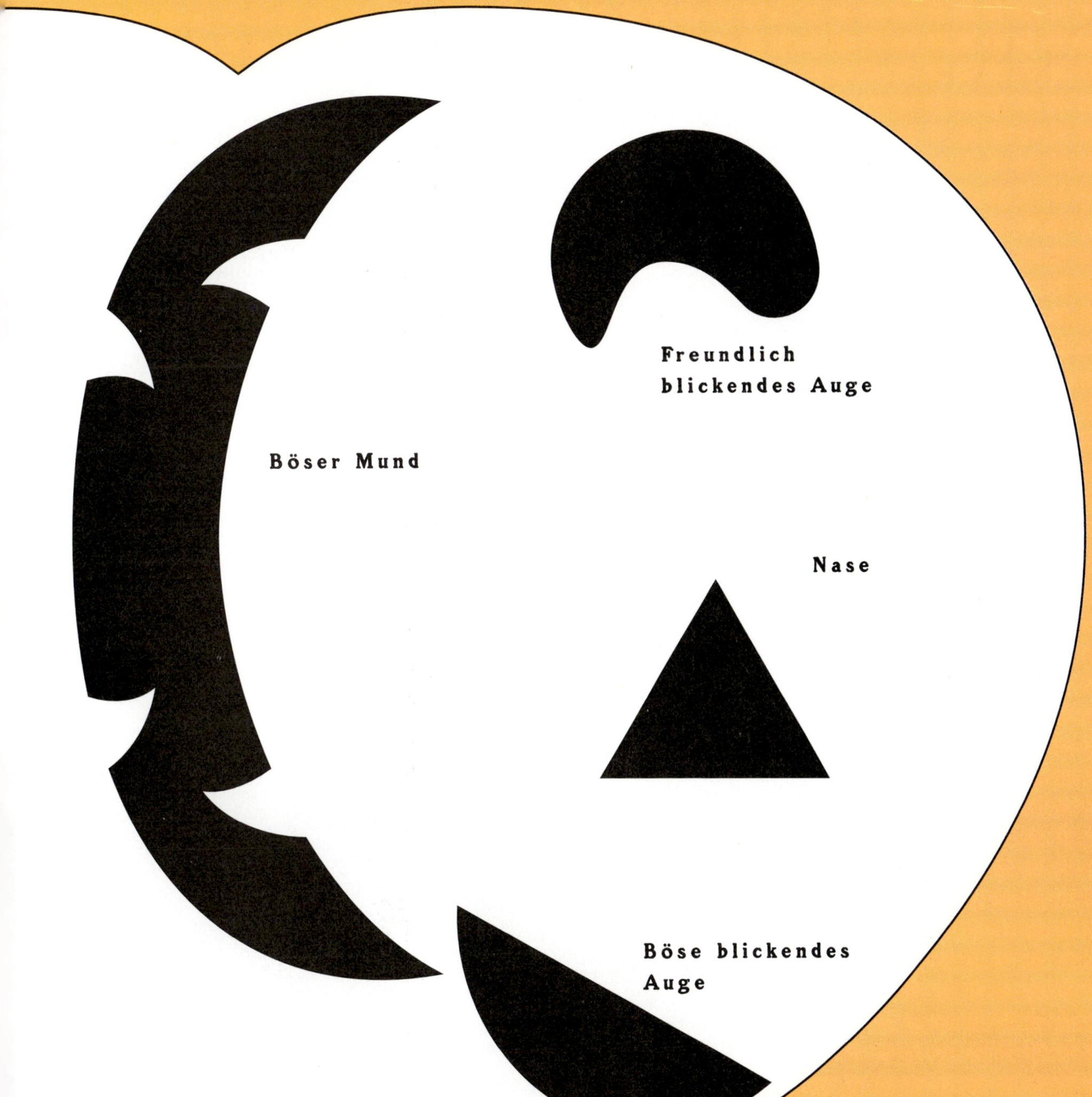
Freundlich
blickendes Auge
Böser Mund
Nase
Böse blickendes
Auge

An Halloween wird das Haus vom Keller bis zum Dach mit langen Girlanden aus Gespenstern und Kürbisköpfen geschmückt. Sie sind so einfach zu machen, dass ihr sofort loslegen könnt.

Kürbisgirlanden

- **orangefarbenes Krepppapier**
- **1 Rolle Klebeband**
- **Fotokopie der Kürbisvorlage unten auf dieser Seite (150-prozentige Vergrößerung)**
- **2 Büroklammern**
- **Bleistift**
- **Schere**
- **Cutter für die Kürbisaugen**

1 Schneidet 15 cm breite Bänder aus Krepppapier zurecht, und klebt sie mit Klebeband aneinander. Je mehr Bänder ihr ausschneidet, desto länger wird eure Girlande. Faltet die Bänder im Abstand von 20 cm wie eine Ziehharmonika. Fixiert die Falz mit zwei Büroklammern. Schneidet die vergrößerte Fotokopie der Vorlage aus, legt sie auf das gefaltete Krepppapier, und zeichnet die Umrisse nach.

2 Faltet das Ganze noch einmal, damit ihr die Augen, die Nase und den Mund leichter ausschneiden könnt. Fixiert das Krepppapier noch einmal mit den Büroklammern, und schneidet den Kürbis aus. An der Seite, die der Falz mit der Kürbisnase gegenüberliegt, dürft ihr die Kreisform nicht ganz ausschneiden. Lasst in der Mitte einen breiten Steg stehen, damit die Kürbisse beim Auseinanderfalten der Girlande zusammenbleiben.

Gespenstergirlande

- weißes Krepppapier
- 1 Rolle Klebeband
- Fotokopie der unten stehenden Gespenstervorlage (150-prozentige Vergrößerung)
- schwarzer Stift
- 2 Büroklammern
- Bleistift
- Schere

Schneidet 18 cm breite Bänder aus Krepppapier zurecht, und klebt sie mit Klebeband aneinander.
Faltet die Bänder im Abstand von 18 cm wie eine Ziehharmonika. Fixiert die Falz mit zwei Büroklammern.
Schneidet die vergrößerte Fotokopie der Gespenstvorlage aus, legt sie auf das gefaltete Krepppapier, und zeichnet die Umrisse nach. Schneidet das Gespenst am Rand entlang aus, und passt dabei auf, dass ihr die Arme nicht abschneidet.
Besonders schön wird die Girlande, wenn ihr nach dem Auseinanderfalten mit dem schwarzen Filzstift Augen und einen Mund auf jedes Gespenst malt.

Totenkopf-Scherenschnitt

Die Scherenschnitttechnik kommt aus dem fernen China und ist für unsere schaurigen Zwecke schrecklich gut geeignet. Allerdings erfordert sie ein wenig Geschick.

- mehrere Bögen schwarzes Seidenpapier
- Klebeband
- Fotokopie der nebenstehenden Vorlage (110-prozentige Vergrößerung)
- 2 Büroklammern
- weißer Stift
- Schere
- Cutter

1 Schneidet 22 cm breite Bänder aus der gesamten Länge der Seidenpapierbögen, und klebt sie mit Klebeband aneinander.
Faltet die Bänder im Abstand von 16 cm wie eine Ziehharmonika. Fixiert die Falz mit zwei Büroklammern.

2 Schneidet die Umrisse der Fotokopie aus, und schneidet die weißen Stellen mit einem Cutter heraus. Legt die Vorlage auf das gefaltete Seidenpapier, und fixiert sie mit den Büroklammern. Übertragt die Vorlage mit dem weißen Stift auf das Seidenpapier.
Schneidet sie oben und unten mit der Schere und innen mit dem Cutter aus. An beiden Außenseiten nicht schneiden! Entfernt vorsichtig die Büroklammern, und faltet die Girlande auseinander.

GLÜHENDE AUGEN
LEUCHTEN UND LAMPIONS

Licht im Käfig

Flackerne Kerzen und grinsende Kürbisköpfe erhellen die Novembernacht und verbreiten ein schauriges Geisterlicht und geben der Party die richtige Atmosphäre.

- **Tortelette-Form, 10 cm Durchmesser**
- **Maschendraht, 35 x 16 cm**
- **schwarze und orangefarbene Sprühfarbe**
- **25 cm Draht**
- **Metallfolie (gold), 15 x 8 cm**
- **Pauspapier**
- **Flachzange**
- **schwarzer Stift**
- **Schere**

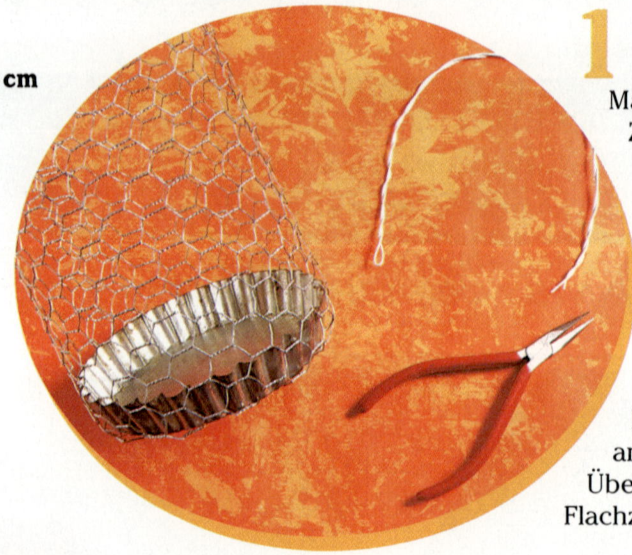

1 Formt um die Törtchenform herum einen Zylinder aus Maschendraht. Schließt den Zylinder, indem ihr die beiden Seiten übereinanderklappt und eine Zylinderseite mit Hilfe der Flachzange umbiegt. Für den Boden des Windlichts biegt ihr 1,5 cm des Maschendrahts unter die Törtchenform.
Für den Henkel des Windlichts befestigt ihr den Draht am oberen Rand des Zylinders. Überstehende Enden mit der Flachzange umbiegen.

2 Stellt das Windlicht auf Zeitungspapier, und malt es mit der Sprühfarbe schwarz an. Trocknen lassen und dann die Unterseite besprühen.

3 Paust den Kürbis von Seite 42 ab, und übertragt ihn auf die Metallfolie.

4 Schneidet mit der Schere die Kürbisform aus der Metallfolie aus. Ihr könnt auch einen Cutter verwenden.

5 Sprüht den Metallkürbis nach Belieben orangefarben an. Eventuell sind zwei Farbschichten nötig. Nach dem Trocknen besprüht ihr die andere Seite.
Befestigt den Kürbis am Windlicht, indem ihr die drei Laschen in den Maschendraht steckt und umbiegt.

6 Ihr könnt wahlweise Teelichter oder normale Kerzen mit einem Tropfen Wachs im Windlicht befestigen.
Passt auf, dass ihr euch nicht verbrennt, denn wenn die Kerzen eine Weile gebrannt haben, können Henkel und Maschendraht sehr heiß werden.

Magische Laterne

Einfach und originell: Lampions aus Plastikflaschen, die in Kombination mit einer Lichterkette besonders effektvoll wirken.

- **orangefarbene Plastikflasche**
- **30 cm Draht**
- **schwarzer Filzstift (wasserfest)**
- **flache Taschenlampe**
- **Cutter**
- **1 Nagel**
- **Flachzange**

1 Schneidet den Gewindegang der Flasche vorsichtig mit einem Cutter ab.
Stecht mit dem Nagel 1 cm unter der Schnittlinie zwei sich gegenüberliegende Löcher ein.
Zieht den Draht hindurch, formt einen Drahthenkel und dreht die überstehenden Drahtenden an jedem Loch fest um den Henkel.

2 Schneidet etwa 3 cm über dem Flaschenboden mit dem Cutter einen etwa 2 cm hohen und 8 cm breiten Schlitz in die Flasche, durch den ihr später die Taschenlampe steckt.
Nun müsst ihr mit dem schwarzen Filzstift nur noch Augen, Nase und Mund auf eure Laterne malen. Lasst eurer Fantasie freien Lauf, oder orientiert euch am nebenstehenden Foto.
Achtung: Stellt auf keinen Fall eine Kerze in eine Plastiklaterne. Der Kunststoff würde sofort schmelzen, und die Laterne könnte vielleicht sogar Feuer fangen.

Halloween-Kürbis

Wenn Geister ihr Unwesen treiben, müssen alle Häuser mit Kürbislampions beleuchtet werden. „Jack-o'-lantern" heißen sie in den USA und sind die eigentlichen Stars der Party!

- **1 schöner Kürbis**
- **schwarzer Filzstift**
- **großes, spitzes Küchenmesser**
- **kleines, spitzes Küchenmesser**
- **großer Löffel**
- **1 große Kerze auf einem Untersatz**

1 Zeichnet die Schnittlinie für den Deckel vor. Ihr könnt ihn rund oder gezackt ausschneiden, ganz wie ihr wollt. Schneidet den Deckel vorsichtig mit dem großen Messer aus, das ihr möglichst gerade in den Kürbis stecken müsst. Gegebenenfalls helfen lassen.
Höhlt den Kürbis mit dem Messer und dem großen Löffel aus. Entfernt alle Kerne, schabt das Fleisch aus, und stellt es beiseite.

2 Zeichnet mit dem schwarzen Filzstift zwei Augen, eine Nase und einen großen lachenden Mund auf (siehe Foto).
Schneidet die Öffnungen vorsichtig mit einem kleinen, spitzen Küchenmesser aus.

3 Stellt eine große Kerze in den Kürbis. Wenn ihr sie anzündet, grinst der Kürbis über beide Ohren. Eventuell müsst ihr die Kerze auf einen Untersatz stellen, damit sie gerade steht, oder den Kürbis von innen begradigen, so dass sie nicht umfallen kann.
Wenn der Kürbis an Farbe verliert, könnt ihr ihn mit einem Stück Kürbisfleisch aus dem Kühlschrank aufpolieren.

Kürbis-Windlicht

Wer keinen echten Kürbis aushöhlen möchte, für den ist solch ein Windlicht aus Modelliermasse mit züngelnder Schlange eine echte Alternative.

- **lufthärtende orangefarbene Modelliermasse**
- **lufthärtende graue Modelliermasse**
- **1,5 cm Draht**
- **Schere**
- **Cutter**

1 Formt aus der orangefarbenen Modelliermasse einen hohlen Kürbis (Durchmesser etwa 15 cm). Lasst oben eine große Öffnung frei. Der Boden muss ganz gerade sein, damit das Windlicht nicht wackelt. Ritzt die Kerben des Kürbisses mit der Scherenspitze ein, und schneidet Augen, Nase und Mund mit dem Cutter aus.

2 Formt eine etwa 30 cm lange Schlange aus der grauen Modelliermasse. Ritzt mit dem Cutter Schuppen in den Schlangenkörper.

3 Rollt zwei Augen aus der orangefarbenen Modelliermasse, und formt eine Zunge aus dem 1,5 cm langen Draht. Drapiert die Schlange auf dem Kürbis, und lasst alles trocknen.

ZAUBERHAFTES
MASKENSPIEL

Kürbismaske

Man muss sich nicht von Kopf bis Fuß verkleiden. Schon einfach zu bastelnde Masken werden eure Freunde und die Familie das Gruseln lehren.

- **1 Bogen orangefarbene Wellpappe, 25 x 30 cm**
- **1,20 m schwarze Kordel**
- **20 cm schwarze Fransenborte**
- **Kraftkleber**
- **25 cm Gummihutschnur**
- **Hefter**
- **Cutter**
- **spitze Schere**

1 Fotokopiert die Kürbisvorlage von Seite 52, schneidet sie aus, und übertragt sie auf die orangefarbene Wellpappe. Schneidet die Konturen mit einer Schere aus, und schneidet Augen, Nase und Mund mit einem Cutter heraus.

2 Schneidet die Kordel in 6 Stücke à 20 cm. Formt aus jedem Stück eine Locke, und klebt die Enden mit dem Kraftkleber links und rechts vom Stiel auf die Rückseite der Maske.
Für die riesigen Augenbrauen schneidet ihr die Fransenborte in zwei gleich große Stücke, und klebt sie an die oberen Augenränder.

Vorsicht: Masken nach dem Aufsetzen nicht weiter bearbeiten. Verletzungsgefahr!

3 Heftet die Gummihutschnur entsprechend eurer Kopfgröße an beiden Seiten der Maske fest.

Hexenhut-Maske

Eines ist sicher: Die Hexe mit dem spitzen Hut hat schon mehr als eine Kröte verschluckt, und sie verhext mit ihren Zaubersprüchen jeden, der ihr nicht genügend Bonbons gibt.

- **1 Stück violette Wellpappe, 37 x 32 cm**
- **Pauspapier**
- **1 Stück schwarze Wellpappe, 28 x 25 cm**
- **1 Stück dünne orangefarbene Pappe, 10 x 15 cm**
- **schwarzer Filzstift**
- **2 orangefarbene Schaumgummiringe**
- **1 orangefarbener Plastiktrichter, 7 cm hoch**
- **Stränge aus Raffiabast, je 65 cm lang**
- **1 rundes, orangefarbenes Geleebonbon**
- **25 cm Gummihutschnur**
- **Kraftkleber**
- **Schere**

1 Zeichnet einen Hexenhut wie im Foto abgebildet auf die Rückseite der violetten Wellpappe, und schneidet ihn aus.
Paust die Kröte ab, und übertragt sie zweimal auf die orangefarbene Pappe. Schneidet beide Kröten aus, malt mit dem schwarzen Filzstift die Augen, und klebt sie auf den Hut. Zeichnet die Umrisse des Hexengesichts auf die Rückseite der schwarzen Wellpappe, und schneidet es aus. Klebt das Gesicht mit dem Kraftkleber an den unteren Rand des Hutes. Schneidet einen ovalen Mund aus der orangefarbenen Pappe. Zeichnet mit dem schwarzen Filzstift ein paar Zähne, und klebt den Mund auf die Maske. Augenlöcher ausschneiden und Schaumgummiringe aufkleben. Klebt den Plastiktrichter als Nase auf.

2 Klebt rechts und links vom Gesicht etwa zwanzig Raffiabast-Stränge unter den Hut. Damit eure Maske wirklich gut aussieht, klebt ihr ein orangefarbenes Bonbon auf eine Wange, an dem ihr drei kleine schwarze Raffiabast-Stränge befestigt. Schon habt ihr eine hässliche, haarige Warze. Damit die Maske hält, macht ihr ein Loch in jede Seite der Maske und zieht Gummihutschnur hindurch.

Gruselmaske aus dem Jenseits

Es klappern die Knochen, es grinst das Skelett. Es scheint, als habe das Grab sich geöffnet ... Diese gelungene Maske versetzt garantiert jeden in Angst und Schrecken.

- **1 Stück hellbeige Pappe, 20 x 25 cm**
- **Pauspapier**
- **schwarzer Filzstift, roter Filzstift**
- **1 kurzes schwarzes Papierband**
- **1 schwarzer Raffiabast-Strang**
- **schwarze kleine Papierkugeln**
- **3 kleine, durchsichtige Perlen**
- **Klebestift**
- **25 cm Gummihutschnur**
- **Schere**
- **Cutter**
- **Hefter**

1 Paust die Vorlage von Seite 53 ab, und übertragt sie auf die beigefarbene Pappe. Vergesst die Löcher für die Augen und die Nase nicht. Schneidet den Umriss aus.

2 Schneidet mit dem Cutter die beiden runden Augen aus. Für die Nase schneidet ihr nur die untere Seite und die Nasenflügel aus, so dass man sie anheben kann.

3 Malt wie auf nebenstehendem Foto schwarze und rote Ringe um die Augen, und zeichnet die Nase, den Mund und die Zähne ein. Richtig gruselig wird es durch einige gemalte Risse im Schädelknochen.

4 Schneidet im Zickzackmuster mit der Schere einen langen Regenwurm aus dem schwarzen Papierband. Als Auge bekommt der Regenwurm eine durchsichtige Perle. Befestigt ihn mit einem Tropfen Klebstoff auf dem Schädel. Jetzt braucht ihr nur noch eine kleine Spinne: Klebt die beiden Perlen auf die Papierkugel. Aus dem Raffiabast macht ihr die Spinnenbeine. Klebt die Spinne mit einem Tropfen Klebstoff vorne auf die Maske.
Heftet die Gummihutschnur an die Seiten der Maske.

Lächelnder Kürbis

Um die bösen Geister dieser magischen Nacht zu vertreiben, gibt es nichts Besseres als eine Kürbismaske. Dafür braucht ihr nur einen Pappteller und ein wenig Fantasie.

- **1 Pappteller**
- **orangefarbene Plakafarbe**
- **1,20 m orangefarbenes Band aus Abakafaser, 10 cm breit**
- **Kraftkleber oder Klebepistole**
- **1 orangefarbener Streifen Jute, 12 x 40 cm**
- **orangefarbener Faden und Nadel**
- **10 cm grünes Band aus Abakafaser, 20 cm breit**
- **Filzspinne (siehe Anleitung Seite 27 und 28)**
- **25 cm Gummihutschnur**
- **schwarzer Stift**
- **Cutter**
- **Hefter**

1 Malt die Rückseite eines Papptellers orangefarben an. Lasst ihn trocknen. Zeichnet mit dem schwarzen Stift Augen, Nase und Kürbismund auf, und schneidet sie mit dem Cutter aus, wobei die Nase nur an den Seiten und unten ausgeschnitten wird.

2 Formt ein paar Riesenschlaufen aus dem orangefarbenen Band aus Abakafaser. Für die Kürbisfrisur befestigt ihr die Schlaufen mit ein paar Tropfen Klebstoff an der unbemalten Seite des Tellers.

3 Faltet das orangefarbene Jutegewebe der Länge nach. Rafft es ein wenig, indem ihr einen orangefarbenen Faden am Kniff entlang durchzieht.
Näht das Jutegewebe nun mit dem orangefarbenen Faden in kleinen Stichen an die Abakafaser-Frisur.
Für den Kürbisstiel zwirbelt ihr das grüne Band aus Abaka-Faser, und klebt es an der Rückseite des Papptellers fest.
Den letzten Schliff erhält das Ganze durch die Filzspinne, die ihr auf die Fransen des Jutegewebes klebt. Heftet die Gummihutschnur an die Seiten der Maske.

Kürbismaske (am Fotokopierer auf 110% vergrößern)

Totenkopf-
Maske

SCHAURIG-SCHÖNE
KOSTÜMPARADE

Zu einer richtigen Halloween-Party gehört natürlich ein möglichst gruseliges Kostüm. Ob Hexe oder Spukgespenst – mit ein bisschen Geschick ist alles möglich. Sogar ein Kürbis auf zwei Beinen wurde schon gesehen.

Hexenkleid

- **2,20 m schwarzer Samt, 1,40 m breit**
- **2 m violetter Tüll, 90 cm breit**
- **1,60 m schwarzer Tüll, 90 cm breit**
- **schwarzer Pfeifenputzer, 1,30 m**
- **schwarzes Garn**
- **schwarzer Hutgummi**
- **Stecknadeln, Druckknopf**
- **Gürtelschließe**
- **Nähmaschine**
- **Schere**

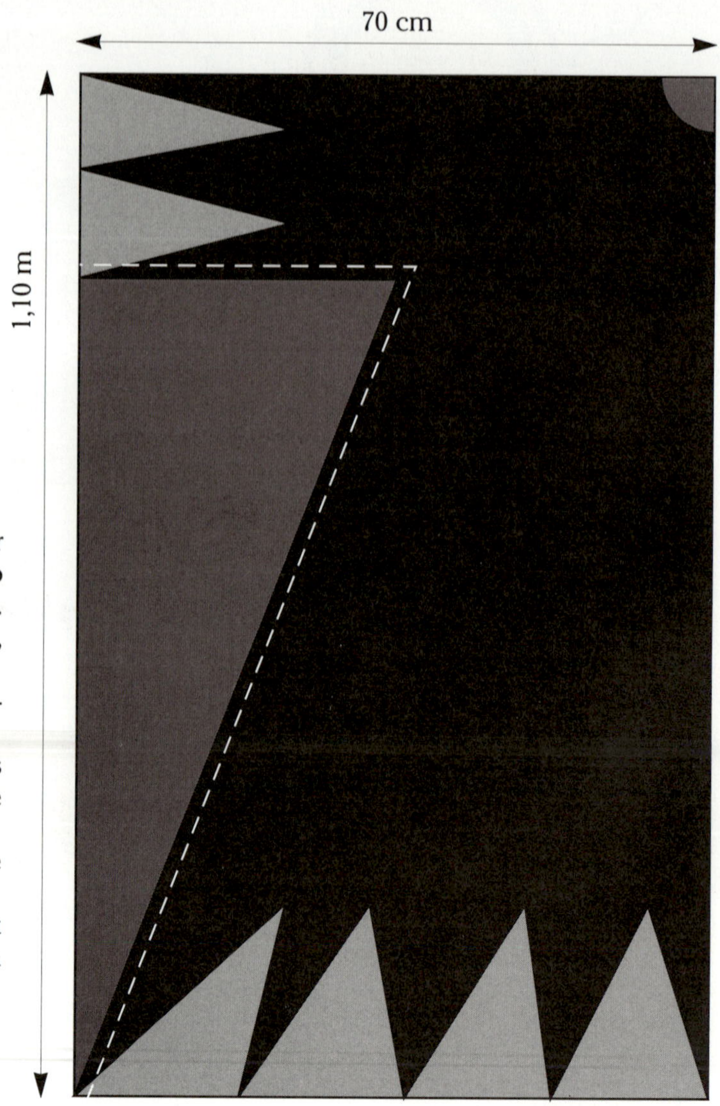

1 Für das Unterkleid den Samt einmal der Länge und einmal der Breite nach falten. So erhalten Sie ein 70 cm x 1,10 m großes Rechteck. Den Stoff am Rand mit Stecknadeln feststecken, damit er beim Zuschneiden nicht verrutscht.
Den Halsausschnitt wie auf nebenstehender Abbildung ausschneiden.
Umrisse der Ärmel und Seitenteile des Kleides aufzeichnen und ausschneiden (siehe gestrichelte Linie).
Kleid auseinander falten, Ärmel und Seitennähte schließen.
Das Kleid der Länge nach falten und wie abgebildet große Zacken in die Rock- und Ärmelkanten schneiden.

2 Für den Überrock ein 45 cm x 2 m großes Rechteck aus dem violetten Tüll schneiden. Lange Seite mit der Nähmaschine einkräuseln und Druckknopf befestigen.
Einen Gürtel aus einem etwa 30 cm x 70 cm großen Rechteck aus violettem Tüll anfertigen (Taillenweite des Kindes plus 5 cm).
Tüll dreifach zu einem 10 cm breiten Band falten, Kanten flachbügeln.
Pfeifenputzer mit großen Stichen im Abstand von 2 cm von den beiden Rändern des Gürtels festnähen. Gürtel mit einer Schließe oder Häkchen versehen.

3 Die Halskrause besteht aus einer violetten und einer schwarzen Lage. Für die violette Lage ein Tüllband von 15 cm x 2 m zuschneiden, der Länge nach falten und auf 50 cm Länge einkräuseln. In 3 mm Abstand vom Halsausschnitt festheften.
Für die schwarze Halskrause an beiden Längskanten des schwarzen Tülls einen 6 cm breiten Saum nähen. Den schwarzen Hutgummi an einem Ende feststecken und durch einen Saum ziehen. Den Tüll bauschig raffen und die Naht schließen.
Die Krause am Kleid festheften und violette Halskrause darüber drapieren.

Hexenhut

- **1 Stück schwarze Wellpappe, 50 x 45 cm**
- **Klebeband**
- **1 Stück violetter Tüll, 80 x 16 cm**
- **Kraftkleber**
- **30 cm violette Vorhangkordel**
- **schwarzer Pfeifenputzer**
- **runde Nudel (z.B. Gnocchi)**
- **1 Tube schwarze Gouachefarbe**
- **1 Stück schwarzer Tüll, 75 cm x 2 m**

Rollt einen etwa 45 cm hohen Kegel aus der Wellpappe, und klebt ihn innen mit Kleber und Klebeband fest zusammen. Faltet den Tüll der Länge nach zu einem 8 cm breiten Band. Rafft das Ganze, indem ihr einen Faden durch die offene Seite zieht, und klebt den Schleier an den inneren Rand des Hutes. Schwarzen Tüll raffen und darüber setzen. Vorhangkordel an die Hutspitze kleben.
Für die Spinne, die am Ende der Kordel hängt, malt ihr die Nudel mit der Gouachefarbe schwarz an, und lasst sie trocknen. Schneidet den Pfeifenputzer in 6 gleich große Stücke, die ihr als Spinnenbeine an die Nudel klebt. Klebt die Spinne ans Ende der Kordel.

Hexenbesen

- **Besenstiel**
- **Besenstroh oder Reisig**
- **Raffiabast**
- **schwarze Sprühfarbe**

Nehmt das Reisig oder das Stroh zu einem Bund zusammen, legt es um den Besenstiel, umwickelt es mehrmals mit dem Raffiabast, und macht einen festen Knoten.
Sprüht den Hexenbesen schwarz an.

Hexengesicht

- **Kosmetikschwamm**
- **weiße, grüne, graue und schwarze Schminke**
- **feiner Pinsel**
- **grüner Kaugummi**

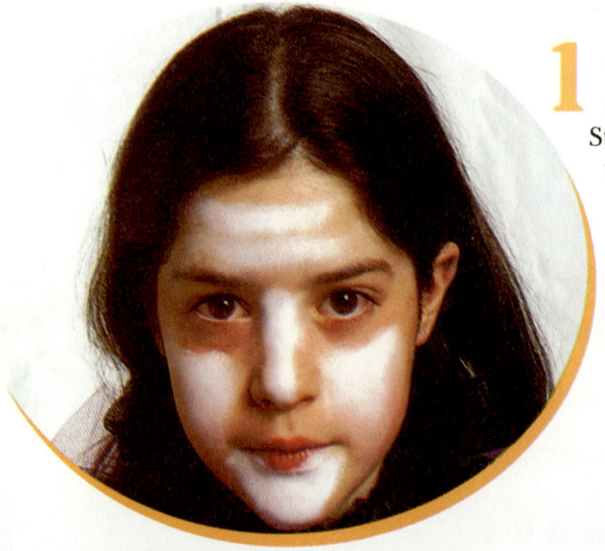

1 Verteilt die weiße Schminke mit dem Schwamm auf Stirn, Nasenrücken, Wangen und Kinn. Dadurch werden Gesicht und Nase verlängert und das Kinn hervorgehoben. Vorsicht: Tragt die Schminke nicht zu nahe am Auge auf.

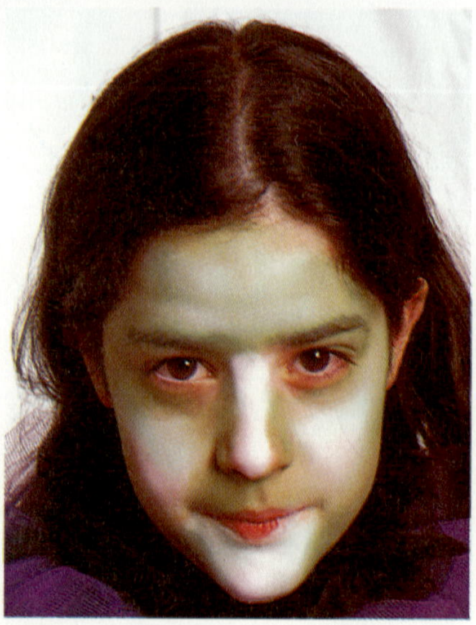

2 Damit die Hexe richtig böse aussieht, tragt ihr mit dem Schwamm ein wenig grüne Schminke auf die weiße Farbe auf, Kinn und Nasenrücken spart ihr dabei aus.

3 Schattiert mit der grauen Schminke vorsichtig die Augenpartie, die Kinnränder und die Nasenflügel. Zieht mit einem feinen Pinsel die Augenbrauen schwarz nach, so dass sie so richtig buschig aussehen. Malt euch ein paar tiefe Falten auf die Stirn und Ringe unter die Augen.
Umrandet den Mund schwarz oder malt ihn schwarz aus.

4 Eine echte Hexe muss eine Warze auf der Nase haben! Klebt einfach ein Stück grünen Kaugummi auf einen Nasenflügel.

So klappt das Schminken

- Vor dem Schminken wird die Hautverträglichkeit der Schminke in der Ellenbeuge geprüft.
- Zum Grundieren und flächigen Auftragen von Schminke benutzt man am besten einen Kosmetikschwamm. Das ist ein besonders feiner Schwamm, mit dem die Farbschichten dünn aufgetragen werden können. Man feuchtet den Schwamm leicht an (gut ausdrücken; er darf nicht mehr tropfen).
- Am besten lässt es sich mit wasserlöslichen Schminkfarben arbeiten: Die kann man nach der Party leicht wieder entfernen. Außerdem lassen sich die Farben miteinander mischen.
- Man tupft die Farbe mit dem Schwamm leicht auf die Haut. So vermeidet man, dass Streifen entstehen.
- Generell gilt: Zuerst werden die helleren Farben aufgetragen, dann die dunkleren. Die einzelnen Farbschichten gut trocknen lassen.
- Bevor eine neue Farbe aufgetragen wird, Schwamm und Pinsel gut auswaschen.
- Gute Dienste leisten ein breiter und ein schmaler Schminkpinsel. Damit können feine Ornamente und Details aufgetragen werden.
- Der Schminkpinsel wird wie ein Stift gehalten und im rechten Winkel auf der Haut aufgesetzt.
- Beim feinen Zeichnen Hand oder Arm aufstützen.
- Am besten schminkt es sich im Sitzen: Derjenige, der schminkt, hat eine ruhigere Hand, und der andere kann bequem stillhalten.

Die Spinne

Diese Maske ist ganz leicht zu machen und sehr effektvoll, obwohl nur schwarze Farbe verwendet wird.

- **schwarze Schminke**
- **feiner Pinsel**

1 Damit das Spinnennetz gut wirkt, müssen die Linien so gleichmäßig wie möglich sein. Fangt zwischen den Augenbrauen an. Malt am besten zuerst die längeren, gebogenen Längsfäden, anschließend die ebenfalls leicht gebogenen Querfäden. Die Hand beim Zeichnen abstützen.

2 Zum Schluss malt ihr eine schöne Spinne mit langen Beinen auf eine Wange.
Vergesst nicht, den Mund schwarz anzumalen. Benutzt dazu ebenfalls den Pinsel.

3 Die Frisur sollte zur Maske passen. Teilt die Haare in drei Strähnen. Zwirbelt jede Strähne zu einem Knoten zusammen. Steckt ihn mit Haarnadeln fest. Schmückt jeden Knoten mit einem Stück Pfeifenputzer oder mit schwarzem Webband.

Einmal mit dem Zauberstab gewirbelt und schon habt ihr euch in einen freundlich lächelnden Kürbis verwandelt. Ein tolles Kostüm ergänzt das Schminkgesicht.

Kürbisgesicht

- **feiner Kosmetikschwamm**
- **orangefarbene, schwarze und rote Schminke**
- **feiner Pinsel**
- **breiter Pinsel**

1 Tragt mit dem angefeuchteten Schwamm die orangefarbene Schminke auf. Spart die Augenpartie aus.

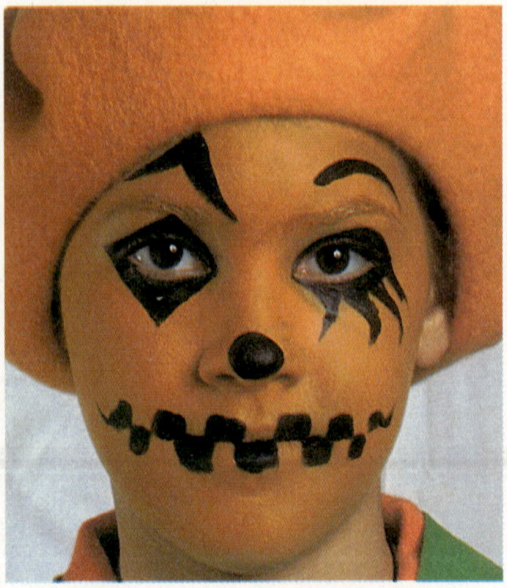

2 Malt mit dem feinen Pinsel und der schwarzen Schminke eine geschwungene und eine spitze Augenbraue. Malt Wimpern und ein Dreieck unter die Augen. Setzt auf die Nase einen schwarzen Punkt.

3 Umrandet die Augen vorsichtig mit der schwarzen Farbe. Lasst euch am besten von einem Erwachsenen helfen. Malt einen breiten Mund im Schachbrettmuster.

4 Zeichnet, wenn ihr wollt, mit der roten Schminke die Kürbiskerben auf das Gesicht, wie auf dem Foto auf Seite 59 abgebildet.

Kürbiskostüm

- **orangefarbene Baskenmütze**
- **1 Stück grünes Band aus Abakafaser, 10 x 20 cm**
- **Textilkleber**
- **1 Stück grüner Filz, 60 x 60 cm**
- **orangefarbenes T-Shirt**
- **2,10 m orangefarbener Tüll, 150 cm breit**
- **schwarze Leggins**

1 Die orangefarbene Baskenmütze dient als Kürbisdeckel. Für den Kürbisstiel das Band aus Abakafaser zusammenrollen und mit dem Textilkleber auf die Mütze kleben.

2 Für den Kragen den Filz diagonal falten, dann noch einmal in der Mitte. So erhalten Sie ein Dreieck. Die Spitze des Dreiecks für den Halsausschnitt etwa 9 cm tief rund ausschneiden. Damit die Kelchblätter gleich lang werden, werden die beiden Ecken an der Grundseite des Dreiecks halbrund abgeschnitten. Für 8 Kelchblätter werden nun von der Grundseite aus zwei möglichst gleich große Zacken ausgeschnitten. (Am besten vorher mit Schneiderkreide aufzeichnen).
Den Kragen aufklappen und an einer Seite aufschneiden, damit man ihn um den Hals legen kann.
Den Kragen mit ein paar Stichen auf dem T-Shirt festnähen.

3 Das Stück Tüll doppelt legen, einfach in die Leggins stecken und aufbauschen. Zum Schluss aus den Filzresten kleine Armbänder basteln.

Ohne diesen Klassiker läuft gar nichts. Dieses Gespenst zieht eine große, schwere Kugel hinter sich her und taucht immer wieder bei Halloween-Partys auf.

Gruselgeist

- **3,20 m weißer Stoff, 130 cm breit**
- **1 Stück schwarzer Filz, 20 cm**
- **Textilkleber**
- **1 großes, altes weißes T-Shirt**
- **Stecknadeln**
- **weißer Faden**
- **Schere**

1 Dieses Kostüm besteht aus einem Umhang, unter dem man ein T-Shirt trägt, an das zwei große Ärmel genäht werden.
Für den Umhang von dem weißen Stoff ein 2,30 m großes Stück abschneiden und der Länge nach falten. Die vier Seiten mit einigen Stecknadeln feststecken, damit der Stoff nicht verrutscht.
30 cm tiefe Zacken im Abstand von 20 cm schneiden, damit der Stoff zerfetzt aussieht (das sind nur ungefähre Maßangaben, es sollte nicht zu gleichmäßig aussehen).

2 Aus dem schwarzen Filz zwei ovale 6 cm große Augen und einen ebenfalls ovalen, etwa 10 cm großen Mund schneiden.
Die Teile mit dem Textilkleber in Gesichtshöhe auf den weißen Umhang kleben. Durch den Filz und den Stoff zwei Löcher in die Mitte der Augen schneiden, damit das Gespenst richtig sehen kann.

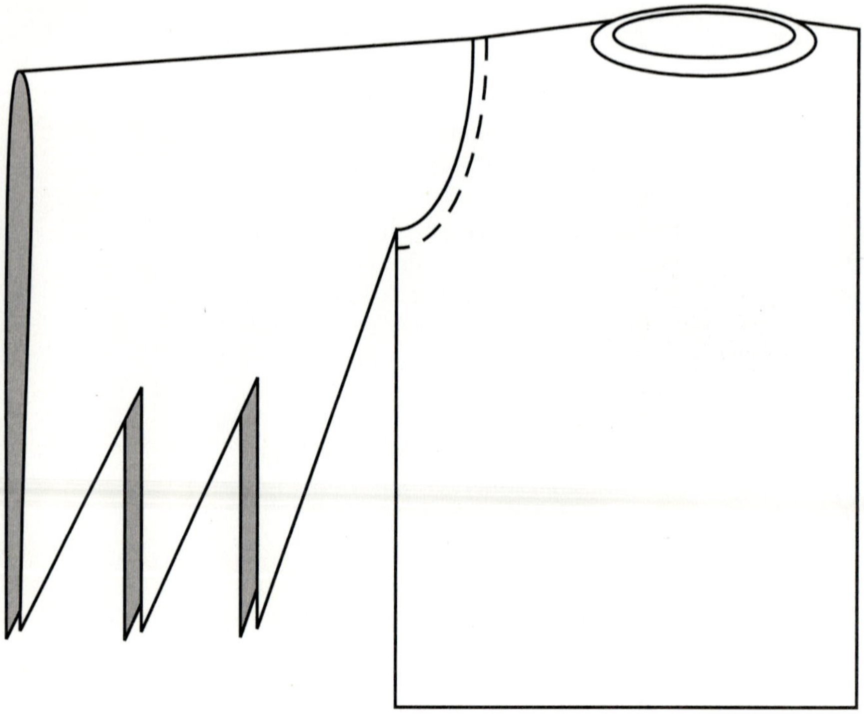

3 Den restlichen weißen Stoff der Länge nach zusammenfalten und für die Ärmel der Breite nach durchschneiden. Jedes Stück auf halbe Breite zusammenfalten. Feststecken, damit es nicht verrutscht, dann wie beim Umhang Zacken in die Ärmelkanten schneiden.
Die Ärmel des T-Shirts abtrennen. Auf links drehen, die Falz des neuen Ärmels auf die Schulternaht des T-Shirts stecken und die Ärmelkanten mit der Maschine in das Armloch des T-Shirts einnähen, ohne die Unterseite des Ärmels zu schließen.

Eisenkugel

- **Styroporkugel, 15 cm Durchmesser**
- **schwarze Sprühfarbe**
- **schwarzes Krepppapier oder Bastelkarton**
- **Klebstoff**

Sprüht die Styroporkugel schwarz an, und lasst sie trocknen. Schneidet für die Kette 25 Stückchen Krepppapier oder Bastelkarton à 15 cm x 2 cm zurecht. Schließt das erste Kettenglied mit einem Tropfen Klebstoff, und hängt dann jeweils ein weiteres Glied an, das ihr ebenfalls mit Klebstoff verschließt. Klebt das eine Ende der Kette an die Kugel, und lasst sie gut trocknen.

Katzengesicht

Vorsicht, diese Katze tut nur so, als sei sie anschmiegsam und harmlos! Der durchdringende Blick lässt das Raubtier erkennen, mit dem nicht zu spaßen ist.

- **Kosmetikschwamm**
- **weiße, schwarze und orangefarbene Schminke**
- **feiner Pinsel**
- **breiter Pinsel**

1 Hellt zunächst die Mund- und Augenpartie mit der weißen Schminke leicht auf. Grundiert dann das restliche Gesicht mit der orangefarbenen Schminke.
Tupft etwas weiße Schminke auf die Wangenknochen. Umrandet die Augen schwarz, und verlängert die Lidstriche zu Katzenaugen (eventuell einen Erwachsenen um Hilfe bitten).
Malt euch ein paar wilde Augenbrauenhaare.
Malt die Nasenspitze schwarz an.
Verbindet Nase und Mund wie abgebildet mit einem dünnen Pinselstrich. Zieht den Mund schwarz nach, und malt nur die Oberlippe schwarz aus.

2 Macht aus der Verbindungslinie zwischen Nase und Mund ein Dreieck. Malt nun wie auf dem nebenstehenden Foto rechts und links vom Mund drei längliche Ovale, aus denen die Schnurrhaare eurer Katze wachsen.
Vergesst die Hände nicht: Malt sie mit der orangefarbenen Schminke an, und zeichnet scharfe Krallen darauf.
Bindet die Haare zu einem hohen Pferdeschwanz zusammen, und lasst einige Strähnen heraushängen.

Vampirgesicht

Mitternacht! Die Uhr schlägt zwölf, und die Vampire wachen auf. Nehmt euch in Acht: Wenn sie aus ihren Särgen steigen, machen sie sich auf die Suche nach frischem Blut!

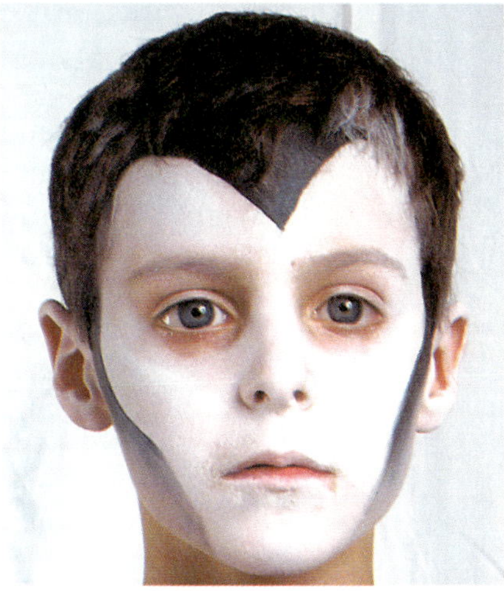

- **Kosmetik-schwamm**
- **schwarze, weiße und rote Schminke**
- **feiner Pinsel**

1 Tragt mit dem Kosmetikschwamm die weiße Grundierung auf, spart dabei die Augen aus. Tragt die weiße Schicht besonders auf den Wangen mit einem schwungvollen Strich nach oben auf.
Damit die Wangen eingefallen wirken, malt euch mit der schwarzen Farbe Koteletten auf, die ihr bis zum Unterkiefer verlängert. Malt dann die Partie unter den Wangenknochen grau aus.
Verlängert den Haaransatz auf der Stirn zu einem Dreieck.
Mit zwei unterschiedlich gestalteten Augenbrauen sieht der Vampir noch furchterregender aus. Malt ein paar ausgefranste Augenringe.

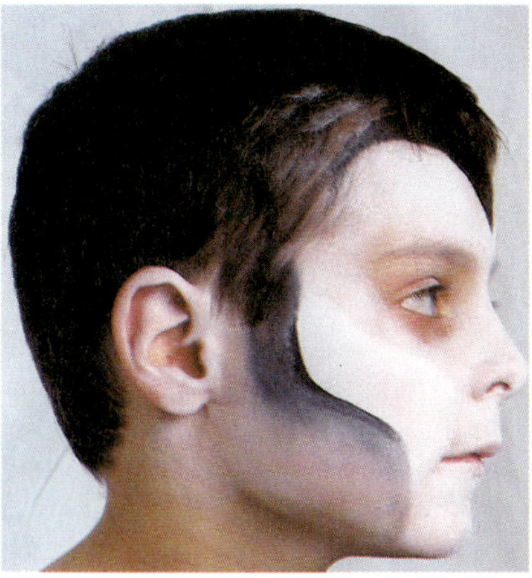

2 Malt zwei tiefe Furchen neben die beiden Nasenflügel. Zieht den Mund rot nach, und umrandet ihn mit einem dicken, schwarzen Strich.
Lasst aus den beiden Mundwinkeln ein wenig Blut fließen, und umrandet es schwarz.

Geisterschloss

Für dieses Schminkgesicht braucht man eine ruhige Hand und etwas Erfahrung. Aber die Mühe lohnt sich: Das Spukschloss wirkt geheimnisvoll und gruselig zugleich. Was sich wohl hinter seinen Zinnen verbirgt?

- **Kosmetikschwamm**
- **hellrosafarbene, hellblaue, dunkelblaue, graue, braune, schwarze und rote Schminke**
- **feiner Pinsel**
- **dicker Pinsel**

1 Tragt die hellrosafarbene Schminke mit dem trocknen Kosmetikschwamm auf die mittleren Gesichtspartien auf. Deutet zunächst die Umrisse des Schlosses an, bevor ihr um das Schloss herum die blaue Schminke auf die Stirn und die untere Gesichtshälfte auftragt. Tragt auf die untere Gesichtspartie noch eine Schicht graue und braune Schminke auf. Verteilt ein wenig dunkelblaue Schminke auf den Lidern und am Haaransatz.

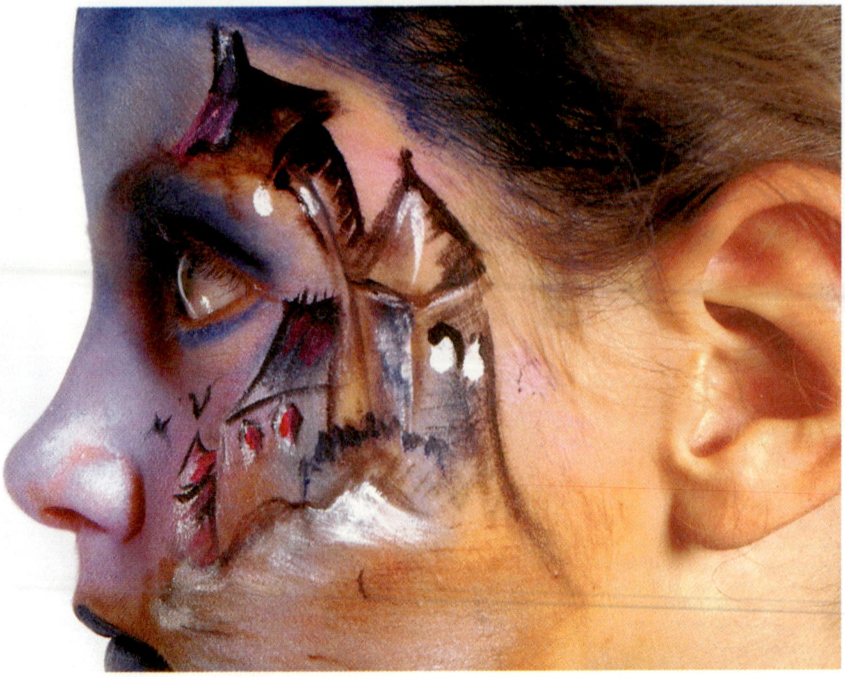

2 Malt nun mit der schwarzen Schminke und dem Pinsel das Schloss (siehe Zeichnung auf der gegenüberliegenden Seite und nebenstehendes Foto). Hebt mit ein paar Tupfern weißer Schminke die Felsen und die Fenster des Schlosses hervor. Tupft auf die Fenster ein paar rote Flecken. Jetzt kann es jeder sehen: Hier im Schloss passieren schauderhafte Dinge!
Malt zum Schluss noch die Lippen mit einem feinen Pinsel blau an.

3 Lange Haare werden toupiert und hinten zu einem festen Knoten zusammengebunden. Verteilt mit den Fingern ein wenig blaue Schminke in den vorderen Strähnen.
Kurze Haare werden verstrubbelt, und mit den Fingerspitzen werden ein paar Strähnen blau gefärbt. Benutzt bei Bedarf ein wenig Gel.

DER FESTLICH GEDECKTE
GEISTERTISCH

Hexen und Gespenster bitten zu Tisch! Am Trinkglas baumelt die Fledermaus, weiße Knochen schmücken die Tafel und das Geschirr leuchtet in Halloween-Farben.

Bunte Kürbisteller

- **transparente Glasteller**
- **je Teller 4 (selbst gemalte) Kürbisbilder oder Farbkopien der Abbildung auf dieser Seite**
- **hellorangefarbene und dunkelorangefarbene, hellgrüne und tannengrüne Acrylfarbe**
- **Leim**
- **farbloser Nagellack**
- **Zahnbürste**
- **Klarlack**
- **Cutter**
- **Pinsel**
- **Tuch**

1 Kürbisbilder ausschneiden und mit dem Leim je vier Kürbisse von unten auf jeden Teller kleben, so dass die farbige Seite von oben zu sehen ist.
Den überschüssigen Leim entfernen, mit einem Tuch die Blasen und Falten rausstreichen.
Falls die Teller unten kleine Kanten haben, kleine Schlitze in die Kürbisse schneiden, damit sie sich der Tellerform besser anpassen und gut haften. 24 Stunden trocknen lassen.

2 Eine dünne Schicht Nagellack auf die Umrisse der Kürbisse auftragen, damit die Ränder sich nicht ablösen.

3 Für den Teller mit dem grünen Hintergrund mit der Zahnbürste eine dünne Schicht orangefarbene Farbe auf den Tellerrücken sprenkeln. Trocknen lassen und mit einem Pinsel die Tellermitte und die Zwischenräume zwischen den Kürbissen tannengrün ausmalen.

4 Den Tellerrand hellgrün anmalen. Dabei den Pinsel von innen nach außen zum Tellerrand führen, damit ein Strahleneffekt entsteht. Trocknen lassen.

5 Für den orangefarbenen Hintergrund mit der Zahnbürste eine dünne Schicht dunkelorangefarbener Farbe auf den Tellerrücken sprenkeln. Tellermitte und Rand mit dem Pinsel bearbeiten.

6 Auf jeden Tellerrücken drei Schichten Klarlack auftragen, damit die Collagen und die Farbe fixiert werden.
Zwischen dem Auftragen der einzelnen Schichten den Klarlack mindestens eine Stunde trocknen lassen, und die Teller frühestens nach 24 Stunden benutzen. Der Klarlack kann beim Auftragen milchig aussehen, was jedoch beim Trocknen verschwindet.

Tischhexen

- **Pauspapier**
- **Bastelkarton in verschiedenen Farben**
- **Bleistift**
- **Filzstifte**
- **Styroporkugeln, 5 cm Durchmesser**
- **1 Tube orangefarbene Gouachefarbe**
- **Schere**
- **Cutter**
- **Klebstoff**

1 Paust eine der nebenstehenden Hexen ab (auf Seite 22-23 findet ihr eine vergrößerte Vorlage), und übertragt sie beliebig oft auf den Bastelkarton.
Schneidet die Hexen vorsichtig mit dem Cutter aus. Passt auf, dass ihr den Hexenbesen nicht zu dünn ausschneidet, er knickt leicht ab. Wer mag, kann die Hexen auf beiden Seiten mit Filzstift verzieren.

2 Schneidet die Styroporkugeln mit dem Cutter in der Mitte durch, und malt die Hälften orangefarben an.
Schneidet mit dem Cutter in jede Halbkugel oben einen Schlitz.
Bestreicht beide Seiten der Hexenfüße mit Klebstoff, und steckt sie in unterschiedlichen Winkeln in die Schlitze. Sie sollten unterschiedlich stark nach vorne geneigt sein. Lasst sie trocknen.

Strohhalme mit Geisterspuk

Halloween-Strohhalme sind etwas ganz Besonderes und gehören natürlich auch in unser Gruselkabinett.

- **orangefarbene, violette und grüne Strohhalme**
- **schwarzes, orangefarbenes, grünes und weißes Moosgummi**
- **Pauspapier**
- **Perlen**
- **lösungsmittelfreier Klebstoff**
- **Buntstift**
- **schwarzer Filzstift**
- **Schere, Cutter**

1 Paust die unterschiedlichen Kürbis-, Hexen-, Fledermaus und Gespenstervorlagen aus diesem Buch ab (die Vorlagen für die Einladungskarten auf Seite 10-16 sind besonders gut geeignet). Übertragt sie auf die Moosgummiplatten, und schneidet sie aus. Eure Halme sehen noch besser aus, wenn ihr Augen aus Moosgummi oder Perlen auf die Figuren klebt.

2 Es gibt zwei Möglichkeiten, die Figuren an den Strohhalmen zu befestigen: Entweder klebt ihr sie wie abgebildet mit Klebstoff fest, oder ihr schneidet mit dem Cutter zwei kleine Schlitze im Abstand von 5 mm in die Figuren und steckt den Strohhalm durch.

Tischsets in Form einer Turmruine und Messerbänkchen aus Knochen – so stilvoll geht es zu bei Hexen und Co.

Fledermaus-Serviettenring

- **1 Stück dünne schwarze Pappe, 28 x 9 cm**
- **Cutter**
- **weißer Stift**

Paust die nebenstehende Vorlage ab, und übertragt sie mit dem weißen Stift auf die schwarze Pappe. Schneidet sie mit dem Cutter aus. Um den Serviettenring zu schließen, steckt ihr einfach die beiden Kerben ineinander.

Spinnen-Serviettenring

- **2 schwarze Pfeifenputzer**
- **runde Nudel (z.B. Hörnchen-Nudel)**
- **schwarze Sprühfarbe**
- **2 Perlen**
- **Klebepistole oder Kraftkleber**
- **Schere**

Schneidet ein 20 cm langes Stück Pfeifenputzer zurecht. Biegt einen Ring, und schließt ihn, indem ihr die beiden Enden verzwirbelt.
Schneidet sechs Spinnenbeine à 4 cm aus den restlichen Pfeifenputzern.
Malt die runde Nudel schwarz an, und lasst sie trocknen. Klebt die Spinnenbeine an diesen Spinnenkörper. Befestigt die Perlen als Augen, und klebt das kleine Krabbeltier auf den Serviettenring.

Schlangen-Serviettenring

- **orangefarbener und schwarzer Pfeifenputzer**
- **4 cm Draht**
- **2 durchsichtige Perlen**
- **Klebepistole**

Für den Kopf der Schlange biegt ihr den Pfeifenputzer an einem Ende etwa 2 cm um. Verzwirbelt dann den schwarzen und den orangefarbenen Pfeifenputzer miteinander.
Klebt die zwei durchsichtigen Perlen als Augen und ein kleines Stück gebogenen Draht als gespaltene Zunge auf den Schlangenkopf. Biegt die Schlange um die zusammengerollte Serviette.

Turmruine als Tischset

- **1 Stück Filz, 45 x 30 cm**
- **Pauspapier**
- **weißes und schwarzes Moosgummi**
- **schwarzer Filz**
- **Schneiderkreide**
- **Textilkleber**

Schneidet eine stilisierte Turmruine wie auf oben stehendem Foto aus dem orangefarbenen Filz aus. Paust die Gespenster-, Fledermaus-, Hexen- und Katzenvorlagen aus diesem Buch ab. Übertragt sie mit der Schneiderkreide auf den schwarzen Filz und das Moosgummi, und schneidet sie aus. Nun müsst ihr sie nur noch mit dem Textilkleber an den Turm kleben.

Knochen

- **weiße, lufthärtende Modelliermasse**
- **sehr feines Schmirgelpapier**

Forme die Modelliermasse zu einer 7 cm langen Rolle. Für die Knochenenden formt ihr zwei kleine Kugeln mit einer Furche in der Mitte. Drückt sie an die beiden Enden, und lasst sie trocknen. Schmirgelt die Knochen mit dem feinen Schmirgelpapier ab, damit sie schön glatt werden.

Kürbisvase als Blickfang

An Halloween steht der Kürbis im Mittelpunkt. Diese originelle Kürbisvase wird aus Gipsbinden modelliert. Auf die gleiche Art lassen sich aus Pappmaché attraktive Deko-Kürbisse anfertigen.

- **1 Luftballon**
- **1 Rolle Gipsbinden, 4 cm x 15 m**
- **orangefarbene und schwarze Acrylfarbe**
- **schwarzer Filzstift**
- **Bootslack**
- **Schere**
- **2 Pinsel**
- **Nadel**

1 Blast einen Luftballon auf, verknotet ihn, und schneidet den Knoten so kurz wie möglich. Schneidet die Gipsbinden in 25 cm lange Stücke. Taucht sie jeweils kurz in Wasser, und legt sie nebeneinander überlappend auf den Ballon. Lasst oben eine Öffnung, als hätte man dem Kürbis den Deckel abgeschnitten.

2 Drückt den Boden des Kürbisses flach, damit er nicht wackelt.
Legt insgesamt drei Schichten Gipsbinden übereinander. Lasst sie einen Tag lang trocknen, und schneidet dann den Rand der oberen Öffnung mit der Schere gleichmäßig nach.

3 Für die Kerben des Kürbisses legt ihr drei Gipsstreifen übereinander, formt sie zu einem Steg, und bringt sie im Abstand von 1 cm auf der gesamten Kürbisform an. Lasst sie trocknen.

4 Legt eine letzte Gipsschicht über den ganzen Kürbis, damit die Oberfläche schön gleichmäßig wird. Trocknen lassen.

5 Stecht mit einer Nadel in den Ballon, so dass er platzt, und nehmt ihn aus dem Kürbis.
Malt den Kürbis mit der orangefarbenen Acrylfarbe an. Trocknen lassen. Zeichnet mit dem schwarzen Filzstift Augen, Nase und Mund, und malt sie schwarz aus.
Überzieht euren Kürbis mit zwei Schutzschichten Bootslack. Vergesst die Unterseite nicht, und lasst jede Schicht gut trocknen.
Wenn ihr einen Strauss in den Kürbis stellen wollt, steckt ihr die Blumen in angefeuchtetes Steckmoos und umhüllt es mit einer Plastiktüte. Der Gips darf dabei nicht nass werden.

MAGISCHE SNACKS
FÜR KLEINE MONSTER

Kürbiskuchen

Für 6 - 8 Personen:
- **1 kg Kürbis**
- **3 Eier**
- **160 g Zucker**
- **70 g Mehl**
- **geriebene Zitronenschale**
- **1 Prise Salz**
- **200 g Doppelrahmfrischkäse**
- **fertigen Mürbeteig aus dem Kühlregal**
- **50 g Marzipan**
  (mit Lebensmittelfarbe grün eingefärbt)

Das Kürbisfleisch in Stücke schneiden, 20 Minuten lang in Wasser kochen und abgießen.
Den Backofen auf 200 °C vorheizen.
Das Kürbisfleisch abkühlen lassen und mit den Eiern, dem Zucker und dem Mehl glatt rühren. Dann die geriebene Zitronenschale, das Salz und den Frischkäse zugeben und erneut glatt rühren.
Den Mürbeteig ausrollen und eine eingefettete Springform damit auslegen. Die Kürbismasse daraufgeben und 35 Minuten backen.
Abkühlen lassen und mit dem Marzipan verzieren.

Grüne Spinnen

- **grünes Marzipan**
  (mit Lebensmittelfarbe eingefärbt)
- **Lakritzschnecken**
- **Liebesperle**

Das Marzipan in Kugeln rollen. Lakritzschnecken auseinander ziehen, in 3 cm lange Stücke schneiden und seitlich als Spinnenbeine in die Marzipankugeln stecken. Als Augen jeweils zwei Liebesperlen in die Kugeln drücken.

Skelettkuchen

Für 6 - 8 Personen:
- **230 g Zartbitter-Schokolade**
- **200 g Butter**
- **4 Eier**
- **150 g Zucker**
- **80 g Mehl**
- **150 g Marzipan**
- **Kakaopulver**

Die Schokolade hacken und im Wasserbad zum Schmelzen bringen. Die Butter in Würfel schneiden, dazugeben und ebenfalls schmelzen lassen. Umrühren und vom Herd nehmen.
Die Eier mit dem Zucker gut schaumig rühren, dann das Mehl zufügen und den Teig mit der geschmolzenen Schokolade verrühren.
Den Backofen auf 200 °C vorheizen. Eine rechteckige Kuchenform mit Butter einfetten und mit Mehl bestäuben, den Teig hineingeben und 30 Minuten backen.
Währenddessen aus dem Marzipan die Skelettknochen formen. Wenn der Kuchen abgekühlt ist, großzügig mit Kakao bestäuben und die Skelettknochen darauf anordnen. Wer Schwierigkeiten mit der Anatomie hat: Das Foto rechts ist vielleicht eine kleine Orientierungshilfe.

Süße Spinnen zum Anbeißen

- **70 g Sahne**
- **250 g gute Zartbitter-Schokolade**
- **50 g Butter**
- **1 Paket Schokoladenstreusel**
- **Colaschnüre**
- **Liebesperlen**

Die Sahne kurz aufkochen. Klein gehackte Schokolade dazugeben und so lange mit einem Holzlöffel umrühren, bis die Schokolade geschmolzen ist. Etwas abkühlen lassen, dann nach und nach mit der weichen, in Würfel geschnittenen Butter verrühren.
Die Schokoladenmasse 24 Stunden in den Kühlschrank stellen, dann mit zwei Teelöffeln kleine Kugeln abstechen und diese in den Schokoladenstreuseln wälzen.
Die Colaschnüre in jeweils 6 gleich große Stücke schneiden und je drei auf jeder Seite als Spinnenbeine in die Schokoladenkugeln stecken. Zum Schluss 2 Liebesperlen als Augen in jeden Spinnenkörper drücken.

Auf dem Halloween-Buffet geben sich alle erdenklichen Geschöpfe der Nacht ein Stelldichein. Einträchtig versammelt sind Skelette, Schlangen, Spinnen und natürlich Kürbisse ...

Auf dem Kinderbuffet macht sich ein Lutscherstrauch besonders gut. Dafür stecken Sie einfach ungefähr 20 Lutscher in Halloween-Farben in einen kleinen Zierkürbis oder eine Orange (vorne im Bild).
Beliebt sind auch bunte Spieße aus Kaubonbons und Weingummis. Stecken Sie auch diese in einen kleinen Zierkürbis (Bildmitte).
Einen süßen Blumenstrauß, der direkt aus Alice' Wunderland zu kommen scheint, zaubern Sie, indem Sie einfach Kokosbällchen oder Schaumkonfekt auf Strohhalme stecken und in einem Becher arrangieren.
An den Gläsern klebt nicht etwa Krötenschleim, sondern Fondant (Rezept s. S. 78), den man am Glas herunterlaufen lässt, solange er noch warm ist. Noch gruseliger wird es, wenn ein paar giftgrüne Weingummis am Glas kleben.
Verteilen Sie auf dem Buffet noch ein paar Spinnen, Schlangen und Tausendfüßer aus Plastik, und Ihre kleinen Gäste werden sich ganz schrecklich gruseln.
In der Karaffe blubbert ein geheimnisvoller Hexentrank: Vermischen Sie zuerst Pfefferminz- oder anderen bunten Sirup mit Wasser, dann lassen Sie über die Rückseite eines Löffels vorsichtig andersfarbigen Sirup, z.B. Himbeersirup, in das Gefäß laufen. So vermischt sich der Himbeersirup nicht mit dem Pfefferminzsirup, und oben auf dem Gruselgetränk schwimmt ein ominöser Film.

HALLOWEEN
HALLOWEEN
HALLOWEEN

Spinnennetzkuchen

Für 6 - 8 Personen:

Für den Biskuitteig:

- **6 Eier**
- **250 g Zucker**
- **250 g Mehl**
- **125 Butter**
- **1 Teelöffel Vanillezucker**

Für die Buttercreme:

- **170 g Zucker**
- **4 Eigelb**
- **170 g Butter**
- **grüne Lebensmittelfarbe**

Zum Dekorieren:

- **5 Colaschnüre**
- **1 Paket Schokoladenstreusel**

Backofen auf 200 °C vorheizen.
Für den Biskuitteig Eier und Zucker im Wasserbad schaumig rühren. Vom Herd nehmen und weiterrühren, bis die Masse vollständig erkaltet ist.
Mehl, weiche Butter und Vanillezucker sorgfältig unterrühren. Teig in eine eingefettete und mit Mehl bestäubte Springform geben und 30 Minuten lang backen.
Den fertigen Kuchen aus der Form nehmen und auf einem Gitter abkühlen lassen.

Für die Buttercreme Eier und Zucker schaumig schlagen. Weiche Butter dazu geben und die Masse glatt rühren.
Lebensmittelfarbe in die Buttercreme geben, bis sie die gewünschte Farbe erhält.
Wenn die Creme abgekühlt ist, den Biskuit rundherum damit bestreichen. Den Rand mit Schokostreuseln verzieren. Auf der Oberseite aus den Colaschnüren ein Spinnennetz formen. Vor dem Servieren kalt stellen.

Geisterschloss

- **1 Paket Butterkekse**
- **1 Paket längliche Eierplätzchen**
- **1 Paket rechteckige Eiswaffeln**
- **1 Paket Schokostangen**
- **Fondant**
- **grüne Lebensmittelfarbe**
- **4 Eishörnchen**
- **Bonbons**

Den Fondant, der das Geisterschloss zusammenhalten soll, kann man fertig kaufen oder auch selber machen. Dazu 200 g Puderzucker und ein Glas Wasser in einem Topf verrühren. Drei Minuten lang köcheln lassen, bis die Masse dick wird. Etwas grüne Lebensmittelfarbe zugeben.

Als Unterlage für das Schloss eine feste Pappe mit Alufolie oder Backpapier einschlagen.
Für die Mauern je drei Butterkekse in der Breite und zwei Butterkekse in der Höhe mit Fondant zusammenkleben. Dabei an wenigstens einer Seite die Mitte der zweiten Reihe für ein Fenster freilassen. Warten, bis der Fondant abgekühlt ist und hart wird.
Die Eierplätzchen zur Verstärkung mit Fondant auf die Längsfugen kleben.
Für die Gitterfenster die Mikados mit Fondant von innen senkrecht hinter die Fensteröffnung(en) kleben.
Aus den Eiswaffeln das Dach des Schlosses bauen. Jede Seite besteht aus zwei Reihen Waffeln, die mit Fondant zusammengeklebt werden.
Zum Schluss die Eishörnchen mit Fondant als Ecktürme auf alle vier Ecken des Hauses kleben, und das Haus mit den Bonbons verzieren. Vielleicht gibt es zu Halloween sogar ein paar Weingummis in Gespensterform!

Kunterbunte Bonbonspieße

Bonbonspieße sind einfach herzustellen und verfehlen ihre Wirkung nie: Kinder lieben Bonbonspieße. Man benötigt dafür Bonbons, die so weich sind, das man sie mit einem Holzspieß durchbohren kann. Pro Spieß benötigt man etwa 8 bis 10 Bonbons. Die verschiedenen Bonbons abwechselnd auf die Spieße stecken, dabei mit Erdbeerbonbons und Marzipankugeln besondere Akzente setzen.
Als Abschluss für den Spieß machen sich Bonbons in Spinnen-, Gespenster- oder Kürbisform besonders gut.

GRUSELBÜFFET
FÜR GROSSE GEISTER

Würzige Kanapees in Halloween-Farben

Für etwa 20 Stück:
- **1 Toastbrot**
- **schwarze Olivenpaste**
- **2 Karotten**

Das Toastbrot in dünne Scheiben schneiden. Mit einem Messer oder einem Ausstecher die gewünschte Form auschneiden.
Die Toasts mit der Olivenpaste bestreichen.
Die Karotten in dünne Scheiben schneiden und je eine Scheibe auf ein Stück Toast legen. Zum Schluss einen Tupfer Olivenpaste auf die Karottenscheiben setzen.
Aus den Zahnstochern werden mit etwas Raffiabast, den man mit einem Stück Draht befestigt, kleine Hexenbesen.

Hexensalat aus Orangen und Rotkohl

Für 6 Personen:
- **½ Rotkohl**
- **2 Orangen**
- **1 Pfund Trauben**
- **Salz, Pfeffer, Essig und Olivenöl**

Den Rotkohl in feine Streifen schneiden. Die Orangen gründlich schälen und vierteln.
Die Trauben gründlich waschen und die Stiele entfernen.
Die Zutaten auf einer Platte oder in einer Schüssel ansprechend anrichten.
Eine Vinaigrette aus Salz, Pfeffer, Essig und Öl anrühren und kurz vor dem Servieren über den Salat geben.

Kürbissuppe

Für 6 - 8 Personen:
- **1 kg Kürbis**
- **1¼ l Milch**
- **4 EL Gries**
- **6 EL Sahne**
- **Salz und Pfeffer**

Zum Dekorieren:
- **2 Wachteleier**
- **1 Rote Bete**
- **1 schwarze Olive**

Das Kürbisfleisch in Stücke schneiden, in einen Topf geben, mit warmem Wasser bedecken und zum Kochen bringen.
15 bis 20 Minuten kochen. Wenn der Kürbis weich ist, abgießen und das Fruchtfleisch pürieren.
Die Milch pfeffern und salzen und zum Kochen bringen. Das Kürbispüree dazu geben und 5 Minuten lang kochen. Dann den Gries in die Suppe rieseln lassen, umrühren und noch einmal 10 Minuten kochen lassen. Die Suppe in eine Suppenschüssel gießen und die Sahne zugeben.
Setzen Sie noch einen besonderen Akzent, und lassen Sie zwei Augen in der Suppe schwimmen. Dazu die zwei Wachteleier hart kochen. Nach Belieben mit Rote-Bete-Saft einfärben und vorsichtig auf die Suppe setzen. Ein kleines Stückchen Olive als Iris auf jedem Ei geben der Suppe den letzten Pfiff.

Unsere Köchin kann zaubern, kein Zweifel! Ihr Buffet scheint direkt aus der Hexenküche zu kommen. Ausnahmsweise hat sie uns einige ihrer Zauberformeln verraten ...

Schummriger Kerzenschein taucht die ganze Tafel in gespenstisches Licht. Geheimnisvolle Geschöpfe der Nacht müssen dieses Buffet ersonnen haben.
Ein riesiges Spinnennetz, vor Jahrhunderten schon gesponnen, bedeckt den Tisch, auf den Spießen stecken Knochen aus Modelliermasse, die Tischbeleuchtung bekommt einen Lampenschirm aus orangefarbenem Seidenpapier, schwarzes und orangefarbenes Geschirr und Besteck verleihen dem Fest mysteriösen Glanz.
Den Punsch serviert eine echte Hexe in einem runden, orangefarben grundierten Glasgefäß, an dem schwarze Farbe herunterzulaufen scheint. Die schwarze Farbe kann mit Hilfe einer Schablone aufgetragen werden.
Halloween kann man eben schrecklich schön feiern!

Salat aus schwarzen Nudeln mit Tintenfisch

Für 8 Personen:
- **250 g schwarze Nudeln**
- **12 Wachteleier**
- **1 Rote Bete**
- **1 Glas Tintenfischstücke**
- **1 Stück Mimolette oder Cheddar**
- **Salz, Pfeffer, Essig und Olivenöl**

Die Nudeln in reichlich Salzwasser kochen, abgießen und erkalten lassen.
Die Wachteleier fünf Minuten lang hart kochen.
Die Rote Beete grob raspeln.
Die Eier nach dem Kochen abschrecken und pellen. Unter die Rote Bete rühren und ein bis zwei Stunden stehen lassen, bis sie eine kräftige rote Farbe haben.
Den Käse in kleine Würfel schneiden.
Die Nudeln, die gefärbten Wachteleier, die Käsewürfel und die Tintenfischstücke in einer Salatschüssel anrichten.
Aus Salz, Pfeffer, Essig und Öl eine Vinaigrette anrühren und kurz vor dem Servieren über den Salat geben.

Kürbisflan

Für 6 - 8 Personen:
- **600 g Kürbisfleisch**
- **¼ l Milch**
- **60 g Mehl**
- **200 ml Sahne**
- **3 Eier**
- **70 g Gruyère, gerieben**
- **Salz und Pfeffer**

Den Backofen auf 200 °C vorheizen.
Die Milch zum Kochen bringen, dann Herd runterschalten, damit sie nicht überkocht.
Den Kürbis in kleine Würfel schneiden und in die kochende Milch geben. Salzen und pfeffern. 10 Minuten lang kochen, bis das Kürbisfleisch weich ist.
Die Milch mit dem Kürbis zu einem flüssigen Brei pürieren.
In einer Schüssel das Mehl, die Sahne und die Eier gut verrühren, dann das Kürbispüree dazugeben.

Die Masse in eine feuerfeste Form geben und mit dem Käse bestreuen. 30 Minuten lang im Ofen stocken lassen. Den Flan eventuell mit einem Spinnennetz aus Lakritzschnüren und einigen Plastikspinnen dekorieren. Aber Vorsicht, die Spinnen nicht mitessen!

Orangenkuchen

Für 6 - 8 Personen:

- **5 Eier**
- **200 g Zucker**
- **1 Prise Salz**
- **75 g Mehl**
- **75 g Kartoffelstärke**
- **geriebene Schale von einer Zitrone**
- **2 Pakete Marzipan, eines mit Lebensmittelfarbe grün eingefärbt**
- **gelbe und rote Lebensmittelfarbe**
- **weißer Fondant (Rezept s. S.78)**
- **verschiedenfarbige Bonbons**
- **2 Lakritzbonbons**

Den Backofen auf 200 °C vorheizen.
Die Eier trennen. Das Eiweiß beiseite stellen und das Eigelb mit dem Zucker und dem Salz schaumig schlagen.
Das Mehl und die Kartoffelstärke dazugeben.
Das Eiweiß steif schlagen und vorsichtig unter den Teig heben.
Eine Springform einfetten und mit Mehl bestäuben, den Teig hineingeben und 45 Minuten lang backen.

Den Kuchen aus der Form nehmen und abkühlen lassen.
Ein Paket Marzipan mit der gelben und roten Lebensmittelfarbe orange einfärben, ausrollen und einen Kreis ausschneiden, der etwas größer als der Kuchen ist. Auf den Kuchen legen und den überstehenden Rand umklappen. Nun für die Dekoration aus dem grünen Marzipan Dreiecke für die Augen, die Nase und den Kürbisstiel ausschneiden, außerdem einen fröhlichen, gewellten Mund, und alles auf dem Kuchen anordnen. Den Fondant in eine Spritztüte füllen und damit die Kürbiskerben auf dem Kuchen einzeichnen.
Komplettiert wird die Dekoration durch eine Plastikschlange und einige Bonbons. Die beiden Lakritzbonbons markieren die Iris der Kürbisaugen.

Marzipanpflaumen

Für etwa 30 Stück:

- **1 Paket Trockenpflaumen**
- **1 Paket Marzipan**
- **orangefarbene Lebensmittelfarbe**

Die Pflaumen der Länge nach aufschneiden und den Kern herauslösen, dabei die beiden Hälften nicht trennen.
Das Marzipan zu ovalen Kugeln formen (ein kleines Stück zur Seite stellen), die Pflaumen damit füllen und wieder zusammendrücken.
Nun für jede Pflaume eine kleine Dekoration basteln: Das restliche Marzipan in verschiedenen Orangetönen einfärben und eine orangefarbene Spinne mit Beinen aus Colaschnüren, eine andere mit kleinen roten Punkten oder ein Kürbisgesicht mit Augen in dunklerem Orange formen.
Jetzt heißt es nur noch: Guten Appetit!

Hexenkuchen

Für 6 - 8 Personen:

- **1 fertiger, rechteckiger Biskuitboden oder für einen Biskuitteig:**
- **6 Eier**
- **250 g Zucker**
- **250 g Mehl**
- **125 g Butter**

Für die Buttercreme:

- **6 Eigelb**
- **250 g Zucker**
- **250 g Butter**
- **grüne und blaue Lebensmittelfarbe**

Für die Dekoration:

- **1 Paket Marzipan**
- **Zuckerstreusel in Schwarz, Violett und Orange**
- **orangefarbene, schwarze und grüne Bonbons**

Wenn Sie den Biskuitboden selbst backen, den Backofen auf 200 °C vorheizen.
Die Eier mit dem Zucker schaumig rühren. Das Mehl zugeben, dann die cremig-weiche Butter. Den Teig gut verrühren.
Eine rechteckige Kuchenform einfetten und mit Mehl bestäuben. Den Teig hineingeben und 30 Minuten lang backen. Den Kuchen auf ein Gitter stürzen und abkühlen lassen.

Für die Buttercreme das Eigelb mit dem Zucker schaumig schlagen. Die weiche Butter zugeben und verrühren. Die Creme zu gleichen Teilen auf zwei Schüsseln verteilen und mit der Lebensmittelfarbe grün und blau einfärben.
Aus dem Biskuitboden eine Hexenform ausschneiden. Nun die Buttercreme auf dem Kuchen verteilen: Blau für das Gesicht und Grün für den Körper oder umgekehrt. Die schwarzen Zuckerstreusel dünn auf dem Kleid der Hexe verteilen, die violetten auf dem Hut und an beiden Seiten des Kopfes. Nun aus dem ungefärbten Marzipan die Haare der Hexe rollen und rechts und links vom Kopf anordnen. Augen und Nase der Hexe sind aus Bonbons. Die Umrisse der Arme und den Kragen mit orangefarbenen Streuseln nachzeichnen.
Zum Schluss noch den Saum des Hexenkleides und den Kuchenrand mit Bonbons verzieren.

Dieses Bastelbuch wendet sich an
Halloween-Fans aller Altersstufen
und enthält Bastelvorschläge und Rezepte
der unterschiedlichsten Schwierigkeitsgrade.
Jeder findet garantiert das Richtige.

Junge Erwachsene werden sich für
coole Snacks und Getränke begeistern
und die Wohnung mit Lampions und
Kürbisköpfen für die schaurig-schöne
Geisterparty dekorieren.

Gespenstergirlanden, schwarze Spinnen
aus Topfreinigern und gruselige Masken
können schon Grundschulkinder selbstständig
oder mit ein wenig Hilfe durch einen
Erwachsenen herstellen.

Und für das große Fest im Kreise
von furchterregend geschminkten und
verkleideten Nachbarn und Freunden
eignet sich perfekt das schaurig-schöne
Gruselbüffet für Geister und Gespenster.

Wir wünschen allen großen
und kleinen Halloween-Freunden
viel Spaß mit diesem Buch und
viele fröhliche Stunden im Schein
der leuchtenden Kürbislaternen.
Lasst die Gruselgeister tanzen!